내가 유전자를 고를 수 있다면

내가 유전자를 고를 수 있다면

01
지식
+
진로

예병일 지음

인간 복제부터 연명 의료까지 생로병사로 읽는 인체의 과학

다른

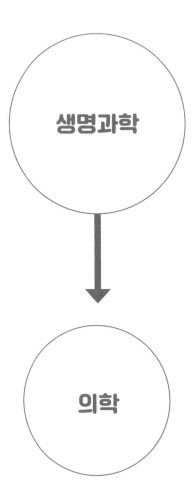

│ 생명의 신비를 깨닫는 기쁨이 가득한 과학 공부

생명체는 왜 삶과 죽음을 겪을까? 이왕 태어난 세상에서 이별의 슬픔을 겪지 않고 영원히 즐겁게 살면 안 될까?

오늘날 사람은 지구의 주인 노릇을 하고 있지만, 사람도 엄연히 자연의 한 부분이다. 천체와 자연의 관점에서 보면 보잘것없이 작은 존재인 사람은 주어진 환경에 적응하기 위해 수만 년을 보냈다. 그리고 자연이 정한 섭리인 생로병사生老病死를 따르면서 이 세상에 머물다 돌아가고 있다.

모든 인생은 생生으로 시작해 사死로 끝난다. 어쩌다 한 번 웃기만 해도 주변 사람에게 즐거움과 행복함을 주는 아기로 태어나 체격이 커지면서 사춘기를 거쳐 성인으로 자라고, 중년을 지나 노인이 된다. 이 과정에서 사람의 몸은 계속해서 변화를 겪는다.

사람의 몸이 달라진다는 것은 몸에서 생명현상이 일어난다는 뜻이다. 생명현상은 무척 오묘해 하나하나의 과정이 아주 정밀한 기계보다 훨씬 더 복잡하고 경이롭다. 예를 들어 아기가 성인으로 자라나기 위해서는 세포가 분열해 그 수가 많아져야 한다. 세포가 분열하려면 유전자를 담고 있는 DNA가 복제되어 두 배로 늘어나야 한다. 이때 관여하는 단백질만 열 가지가 넘으며, 각각의 단백질은 제때에 만들어졌다가 일을 마치면 사라져야 한다. 꽉 막힌 도로보다 훨씬 더 복잡한 세포 안에서 각각의 물질이 만들어지고 옮겨져 제 기능을 한 뒤에는 자리를 비켜 주는데, 이 과정이 순조롭게 이뤄져야 정상적인 생리 작용이다.

몸의 아주 작은 부분에라도 이상이 생기면 이 같은 복잡한 기전의 어딘가에서는 제 기능을 하지 못한다. 이상이 커지면 질병이라는 형태로 나타난다. 다행히 작은 이상은 사람의 몸 자체가 바로잡을 수 있는 능력을 가졌다.

인류 역사를 돌이켜 보면 생명현상에 관한 오늘날의 지식은 대개 지난 100년간 얻은 것이라 할 만하다. 그만큼 최근에 생명과학은 눈부시게 발전했다. 이러한 지식은 의학 발전에 직접적인 영향을 주고, 질병에 대한 이해와 해결을 위한 접근 방법에 새로운 관점을 제시했다.

20세기 말에 시작되어 21세기 시작과 함께 완료된 인간 유전체 프로젝트는 사람이 가진 유전자와 이로부터 발현되는 단백질이 생명현상에 어떻게 관여하는지를 일부나마 이해할 수 있게 했다. 완료된 뒤에도 '이제부터 시작'이라는 평이 나왔으며, 집단을 대상으로 하는 의학에서 벗어나 개인별 의학을 추구하는 맞춤의학의 시대가 머잖아 찾아오리라고 기대하게 만들었다.

《내가 유전자를 고를 수 있다면》은 사람이 태어나 인생을 살아가면서 거치는 생명현상인 생로병사를 주제로 다룬다. 아기가 태어날 때 의학적으로 어떤 과정을 거치는지, 사람이 성장하고 늙어 가면서 어떤 생리작용이 일어나 어떤 문제를 일으키며 어떻게 해결해야 하는지 이야기한다. 그리고 병에는 어떤 종류가 있고 시대의 흐름에 따라 어떤 특징을 보이며 달라지는지, 죽음이란 어떤 과정이고 이와 관련한 의학적 소견은 우리 생활에 어떤 영향을 미치는지 등을 소개한다.

지난 반세기 동안 우리나라 사람들의 평균수명은 약 2년에 1년씩 늘어났다. 무조건 오래 산다고 좋은 게 아니라 '건강하게' 오래 살아야 삶의 가치가 커진다. 생로병사로 표현되는 생명현상을 이해하는 것은 건강하게 오래 살려면 어떻게 일상생활을 가꿔야 하는지 알려 준다.

미래를 이끌어 나갈 청소년이 생명과학을 공부하며 많은 사람이 행복하게 살아갈 사회를 만들어 가는 데 관심을 갖길 바란다. 의학과 생명과학은 어렵고 복잡하기는 하지만 하나씩 알아가다 보면 생명의 신비를 깨닫는 큰 기쁨을 맛볼 수 있을 것이다. 생명의 신비를 풀기 위한 독자 여러분의 도전을 기대한다.

2019년 6월

예병일

차례

2장 노老, 늦추거나 당기거나

3장 병病, 발생부터 치료까지

4장 사死, 죽음의 순간과 권리

1장

생 生

임신에서 출산까지

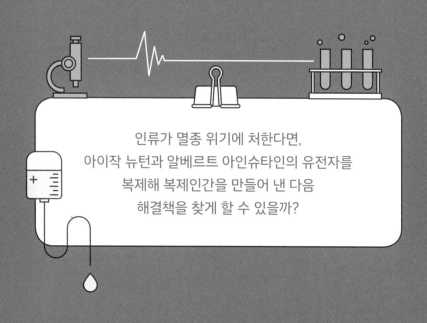

인류가 멸종 위기에 처한다면,
아이작 뉴턴과 알베르트 아인슈타인의 유전자를
복제해 복제인간을 만들어 낸 다음
해결책을 찾게 할 수 있을까?

탄생이란 무엇일까?

사람이 더 이상 태어나지 않으면 어떻게 될까? 그럼 지구에서 사람은 모두 사라지게 될 것이다. 대개 동물이 아기를 돌보는 것은 종족 보존을 위한 본능이다. 하나의 개체가 다음 개체를 생산하는 과정을 생식이라 하며, 생식은 생명체가 보존되기 위한 필요충분조건이다.

이 세상 어떤 일도 무에서 유가 창조되지는 않듯이 아기가 태어나기 위해서는 필요한 모든 것이 갖춰져야 한다. 부모로부터 아기의 싹을 틔워야 하고, 이 싹은 어머니에게서 필요한 영양소를 공급받아서 자라난다. 사람은 여성의 배 속에서 40주 동안 충분히 자라나야 아기의 모습으로 태어난다.

임신의 시작

아기가 태어나려면 임신을 해야 한다. 임신은 난자와 정자가 만나 수정란을 이룬 뒤 자궁내막에 착상한 다음 태아로 자라나는 과정을 가리킨다. 아기가 엄마 몸 밖으로 나올 때는 누구나 볼 수 있을 만큼 충분히 자란 상태지만, 자궁에 처음 착상된 수정란은 세포 하나일 뿐이라 현미경으로 들여다봐야 볼 수 있다.

이때 말하는 현미경은 복합현미경이다. 현미경은 렌즈를 1개만 이용하는 단현미경과 렌즈를 2개 이용하는 복합현미경이 있는데, 단현미경은 확대경과 구별하기 어려워 현미경이라 하면 흔히 복합현미경을 가리킨다. 복합현미경의 렌즈 하나는 보고자 하는 물체에 대고 다른 하나는 눈 쪽에 대어 이중으로 물체를 확대해 보는 것이다.

현미경은 누가 처음 만들었을까? 역사적으로 눈에 보이지 않는 작은 물체를 눈으로 보려는 생각을 가진 이들은 여러 나라에

▶ 수정란이 아기가 되기까지 ◀

수정란	정자와 난자가 만나 핵이 합쳐지면서 만들어진 세포
배아	수정으로 정자와 난자가 합쳐진 상태, 즉 접합체가 한 번 이상 세포분열을 하기 시작한 시기부터 하나의 완전한 개체가 되기 전까지의 발생 초기 단계
태아	임신 초기부터 출생 시까지의 임신된 개체
아기	태아가 분만에 의해 태어난 개체

서 독자적으로 나타났으니 네덜란드의 자카리아스 얀선과 안톤 판 레이우엔훅, 이탈리아의 마르첼로 말피기, 영국의 로버트 훅이 그들이다. 이 중에서 가장 늦게 등장한 레이우엔훅은 사물을 280배쯤 확대해 볼 수 있는 성능이 뛰어난 현미경을 만들었다.

주어진 일을 성실히 하던 레이우엔훅은 한편으로 호기심이 가득한 사람이었다. 취미로 렌즈를 다루던 그는 얀선, 말피기, 훅 등이 물체를 확대해 보는 기구를 만들었다는 소식을 듣지 못한 상태에서 현미경을 개발했다. 고인 물, 빗물, 피 등 검체를 가리지 않고 현미경으로 관찰한 뒤 자신이 본 모양을 그림으로 남겼다.

1674년에 세균박테리아과 원생동물을 처음으로 관찰했고, 1677년에는 남성의 정액에서 머리와 꼬리를 가진 작은 뭔가가 헤엄쳐 다니듯이 운동을 하고 있음을 발견했다. 레이우엔훅은 이를 자신이 관찰한 다른 것과 함께 그림으로 남겨 놓았고, 세월이 한참 흐른 뒤 이게 바로 정자라는 것이 알려졌다. 남성은 정자를 가지고 있지만 여성은 난자를 가지고 있다는 사실은 1827년에 이르러서야 독일의 카를 베어가 발견했다.

정자는 한 번 사정할 때 수억 개가 쏟아지지만 난자는 한두 개 배출되므로 수정란의 수는 난자에 의해 결정된다. 난자는 보통 좌우에 있는 난소 2개에서 번갈아 배란되지만, 한쪽 난소에서 난자가 2개 배란되거나 양쪽 난소에서 동시에 하나씩 배란되어 난자 2개가 배란되면 이란성 쌍둥이를 임신할 수 있다.

수정란으로부터 시작된 태아의 성장

정자와 난자는 각각 하나의 세포다. 두 세포가 만나서 이뤄지는 수정란도 하나의 세포다. 생명체가 지닌 생명현상의 본질은 유전물질을 전달하는 것이고, 정자와 난자는 유전물질을 반씩 가져와 수정란이 형성될 때 어머니와 아버지의 형질을 전해 준다. 여기서 형질이란 형태와 성질을 가리키는 말이며, 자녀가 부모 중 한 사람을 더 많이 닮는 경우는 형태를 이루는 유전적 성향을 더 많이 이어받았기 때문이다.

자궁에 착상한 수정란은 분열을 시작해 세포 수가 늘어난다. 일반적으로 세포는 분열하는 과정에서 커진 뒤 반으로 쪼개지고, 이렇게 쪼개진 세포가 또 자라서 반으로 쪼개진다. 그러므로 세포 하나하나의 크기에 변화는 있지만 오래 두고 보면 세포의 크기는 별로 다르지 않다. 그러나 수정란이 태아로 자라나는 과정 초기에 해당하는 배세포는 세포가 자라지 않고 쪼개지기만 하므로 세포의 수가 늘어날수록 세포의 크기는 점점 작아진다.

사람은 셀 수 없을 만큼 많은 세포로 이뤄져 있으므로 다세포 생물에 속한다. 사람이 생식을 하려면 정자와 난자가 만들어져야 한다. 정자와 난자는 모두 단세포지만 이 둘이 모여 단세포인 수정란을 이루면 이를 '배'라 하고, 여기서 하나의 완전한 아기로 자라나는 과정을 발생이라 한다. 한 개체가 배에서 성체로 자라나는 과정을 개체발생이라 한다.

수정란 하나가 세포 2개로 쪼개졌을 때 무슨 이유에서든 두 세포가 붙어 있지 않고 떨어지면 각 세포가 완전한 세포로 자랄 수 있다. 이를 일란성 쌍둥이라 한다. 이와 다르게 배란된 난자 2개가 동시에 서로 다른 정자에 수정되어 생긴 쌍둥이를 이란성 쌍둥이라 한다. 일란성 쌍둥이는 가지고 있는 유전형질이 같고 남녀가 한 명씩 태어나는 경우가 없지만 이란성 쌍둥이는 유전형질이 같지 않으므로 생김새와 성격이 비슷하기는 해도 서로 다르고 남녀 한 명씩 태어나기도 한다.

수정란이 완성된 개체로 자라날 때는 분화와 생장이 복합적으로 일어난다. 생장은 수정란이 크기는 커지지 않은 상태로 세포분열을 계속해 작은 세포가 점점 늘어나면서 초기의 배아胚를 형성하는 과정이다. 배아기를 지나면 훨씬 복잡한 모양의 낭배를 만든 뒤 외배엽, 중배엽, 내배엽으로 구분된다. 각 배엽은 점점 더 복잡한 모양으로 생장하면서 여러 조직과 기관으로 발전하는데 이를 분화라 한다. 즉 분화는 세포가 분열과 증식을 통해 성장하는 동안 구조와 기능이 특수화하는 현상을 가리킨다. 외배엽은 표피와 이로부터 분화해 만들어지는 조직, 뇌와 척수 같은 신경과 여러 감각기관을 형성한다. 중배엽은 근골격계통, 혈액과 순환계통, 배설계통, 생식계통을 이루며, 내배엽은 간과 췌장을 포함한 소화계통을 형성한다.

배가 자라면서 개체가 필요로 하는 조직과 기관을 만드는 과

▶ 사람의 발생 과정 ◀

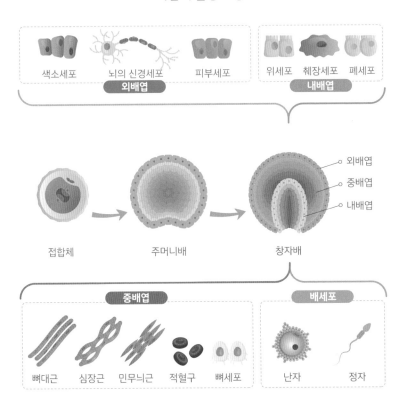

색소세포　뇌의 신경세포　피부세포
외배엽

위세포　췌장세포　폐세포
내배엽

외배엽
중배엽
내배엽

접합체　　　　주머니배　　　　창자배

중배엽

뼈대근　심장근　민무늬근　적혈구　뼈세포

배세포

난자　　　　정자

　　내가 유전자를 고를 수 있다면

정은 많이 연구되었으나 정확한 기전은 알려지지 않은 부분이 많다. 왜 심장이 주로 왼쪽에 있는지에 대해서도 그렇다. 발생 과정에서 여기에 관여하는 물질이 만들어진다는 것은 알려져 있다. 그러나 무슨 이유든 이 물질이 생성되지 않는 경우 심장이 왜 중앙이 아닌 왼쪽이나 오른쪽으로 치우치는지에 대해서는 확실히 모른다.

개체가 발생을 통해 분화와 생장을 하는 과정은 수정란이 지닌 유전정보에 의해 이미 결정되어 있다. 정자와 난자로부터 받은 유전정보는 핵 속의 DNA에 들어 있으므로 발생과정에서 핵은 빠질 수 없는 세포소기관이다. 핵이 없는 세포는 유전정보를 갖지 못해 발생 과정이 곧 중지되고, 이 세포에 핵을 넣으면 발생이 다시 일어난다.

태아가 심각한 유전질환을 가질 가능성이 있다면 유전자 이상 여부를 확인하는 검사를 시행하기도 한다. 임신 10~12주차에는 태반 조직의 일부를 뽑아내는 융모막 검사로, 16~19주차에는 양수천자검사로 태아의 유전자에 이상이 있는지 알 수 있다. 태아가 잘 자라고 있는지 확인하기 위해 초음파 검사도 한다. 7~8주차면 태아가 움직이는 것을 볼 수 있다. 이때부터 임신부는 태아가 배 속에서 발로 차는 것을 느낄 수 있으며, 심장이 뛰는 것을 볼 수도 있다. 초음파를 이용해 얻은 영상을 보면 털이 자라거나 폐로 숨을 쉬는 모습 등 태아에 대한 많은 정보를 얻을 수 있다.

숭고하고 아름다운 탄생의 장면

반려동물과 함께 살고 있다면, 생명이 탄생하는 장면이 얼마나 숭고하고 아름다운지 겪어 봤을 것이다.

사람의 탄생은 어떠할까? 임신부의 배 속에서 태아는 거꾸로 선 모양을 하고 있다. 머리를 아래로 둔 채 몸을 잔뜩 웅크리고 있다가 머리부터 나온다. 포유동물이 엉덩이 방향으로 새끼를 낳는 것도 쉬워 보이지는 않지만 사람이 아기를 낳는 것은 훨씬 어려워 보인다. 태아는 머리가 무엇보다 커서 머리가 밖으로 나오는 게 가장 힘들다. 일단 머리만 빠져나오면 나머지 부분은 그리 어렵지 않게 밖으로 나올 수 있다.

아기의 몸무게는 보통 3.5킬로그램이지만 아기를 낳은 산모의 몸무게는 10킬로그램 정도가 줄어든다. 배 속에서 태아가 자라고 있을 때 양수로 가득 찬 양막이 태아를 보호하기 위해 두꺼운 모양을 하고 있다가 아기가 나올 때 모두 몸 밖으로 나오기 때문이다. 양막 안에서 수정란이 태아로 자라나는 동안에는 임신부와 태아의 몸을 연결하는 태반이 태아에게 영양소와 산소 등 필요한 물질을 전달한다.

사람은 소변과 대변으로 필요 없는 물질을 내보내는데, 태아는 노폐물을 어떻게 내보낼까? 이를 담당하는 것도 태반이다. 물론 필요한 물질을 공급받는 길과 다른 길을 사용하므로 서로 섞이지 않는다. 출산을 거쳐 밖으로 나온 아기는 영양소를 포함해 필요한 것을 직접 얻어야 하므로 태반은 더 이상 필요 없어진다. 배꼽은 출산 뒤 태반이 떨어져 나간 부분이다.

출산이 가까워지면 진통이 시작되는데, 처음에는 아기를 낳을 시간이 가까워졌음을 알리는 진통인지 다른 이유로 배가 아픈지 알기 어렵다. 출산을 알리는 통증은 점점 그 간격이 짧아지고, 통증이 심해지므로 출산을 위한 마음의 준비를 해야 한다.

양막낭이 터져 양수가 쏟아져 나오는 것은 아기가 곧 태어난다는 뜻이므로 빨리 출산을 준비해야 한다. 가끔씩 뉴스에서 비행기나 자동차에서 아기를 낳았다는 소식을 들을 수 있는데 이는 갑자기 양막낭이 터지면서 병원에 갈 시간을 얻지 못한 상황에서 벌어지는 일이다.

어떤 이유에서든 아기가 머리부터 나오지 않고 팔이나 다리가 먼저 나오면 임산부나 아기의 생명이 위협받을 수도 있는 비상 상황이다. 출산 전에 의사는 태아의 위치를 파악하고 분만을 쉽게 할 수 있을지 판단하는데, 태아가 자리 잡은 모양이 출산을 아주 어렵게 할 수 있거나 태아 머리가 정상보다 훨씬 커서 임신부의 몸 밖으로 빠져나오기 어려운 상황이 예상되면 수술로 임신부의 배를 가르고, 그 안의 자궁외막도 잘라 아기를 꺼내기도 한다.

아기는 태어나자마자 곧 울음을 터뜨려야 한다. 그러나 사실 이것은 울음이 아니다. 폐가 숨을 쉬기 시작할 때 나타나는 소리다. 세상으로 나온 아기는 더 이상 모체로부터 산소를 공급받을 수 없으므로 바로 숨을 쉬어야 살 수 있다.

갓 태어난 아기 배 속에도 대변이 있다. 이를 태변이라 한다. 세상에 나오기 전 태아였을 때도 영양소를 섭취했기 때문이다. 아기가 태어나 모유를 먹기 시작해도 이 모유가 소화를 거쳐 흡수되고 남은 것이 대변으로 나가기까지는 시간이 걸린다. 따라서 출산 뒤 하루 이틀 사이에 아기가 대변을 보는 것은 이미 어머니 배 속에서부터 만들어진 태변이며, 이 때문에 탄생 뒤 며칠간 몸무게가 줄기도 한다.

갓난아기가 잠든 모습은 세상의 어떤 광경보다 평화롭고 사랑스럽다. 드디어 생로병사의 첫걸음이 시작되는 것이다.

시험관 아기는 어떻게 탄생했을까?

아기를 낳기 바라는데 마음대로 되지 않는 경우가 있다. 임신 과정이 워낙 복잡하다 보니 어딘가에 작은 이상만 생겨도 임신이 안 되기 때문이다. 아기를 원하는 사람이 자녀를 낳도록 도울 수는 없을까?

임신과 출산 과정을 연구하던 의학자들이 임신하지 못하는 사람이 아기를 가질 수 있도록 획기적인 방법을 개발한 것은 40여 년 전의 일이다. 병이 생겼을 때 원인을 찾아 고치면 병이 낫는 것처럼, 임신이 안 되는 원인을 찾아서 해결함으로써 임신을 가능하게 하는 방법을 알아낸 것이다. 어떻게 한 것일까?

난임일까, 불임일까?

임신이 잘 이뤄지려면 정자와 난자가 만들어진 뒤 적재적소에 위치해 둘이 만날 수 있는 환경이 갖춰져야 한다.

남성의 고환에서 만들어진 정자 수억 개는 경쟁적으로 난자를 향해 헤엄쳐 가고, 1등으로 도착한 정자는 난자의 막을 뚫고 들어가 다음 정자가 난자에 들어오지 못하도록 꼬리를 이용해 새로운 막을 형성한다. 이 과정이 아주 빨라서 2등으로 다가오는 정자가 아무리 빨리 쫓아오더라도 난자에 두 번째로 들어와 두 개의 정자가 함께 난자 속에 존재하는 일은 극히 드물다. 다만 불가능한 것은 아니므로 동시에 2개가 들어가 쌍둥이가 생기기도 한다.

한편 최근에는 정자들이 협력 관계라는 논문이 발표되었다.[1] 정자가 난자까지 가는 과정에서 함께 협력하며 헤엄쳐 가다 마지막에 서로 떨어진다는 것이다. 수십 년간 진리로 믿어 온 내용도 새로운 것으로 바뀔 수 있음을 보여 주는 예라 할 수 있다.

수정된 세포가 자궁벽에 착상해 태아로 자라나는 과정이 어려우면 난임이고, 이 과정이 아예 이뤄지지 않으면 불임이다. 무슨 이유에서든 정자 수가 반 이하로 줄면 임신이 어려워진다. 불임은 아니지만 난임이 되는 것이다. 또한 정자가 운동을 잘 못하는 경우도 임신하기 어렵다. 만들어지는 과정에 문제가 있어 기형인 정자, 죽은 정자 등이 포함되어 있으면 임신 가능성은 더 줄어든다. 특히 남성의 몸 구조에 이상이 생겨서 정자가 밖으로 나오는 길이 막히면 아무리 건강한 정자가 많아도 난자를 만날 방법이 없으므로 임신은 불가능하다.

여성은 이보다 훨씬 더 복잡하다. 난자는 약 한 달에 하나씩만 임신에 이용되기 때문이다. 여성은 태어날 때부터 난소 안에 미성숙 난세포를 가지고 있다. 미성숙 난세포는 여포에 둘러싸여 있다가 사춘기를 지나면 매달 하나씩 성숙된다. 이렇게 성숙이 완전히 이뤄진 난자는 정자와 만나 하나의 세포로 합쳐진다.

미성숙 난세포는 평생에 걸쳐 300~400개쯤 성숙되므로 폐경기에 이를 때까지 여포에 둘러싸인 난세포가 기회를 기다리며 머무르는 경우도 있다. 난자가 만들어질 때 호르몬은 아주 중요한 기능을 한다. 여성 몸의 구조에 이상이 있어서 난자가 제대로 배출되지 않을 수 있고, 난자의 성숙 과정에 관여하는 인자가 많으므로 난자가 제대로 형성되지 못할 수 있다. 이러다 보니 불임이나 난임의 원인이 될 가능성은 정자보다 약간 더 높다.

인공수정과 시험관 아기의 탄생

인공수정은 정자와 난자가 만나 수정이 잘 일어나도록 조작하는 과정을 가리킨다. 즉 정상적으로 만나기 어려운 정자와 난자를 여성의 몸 밖에서 만나게 하는 것이다. 가느다란 관을 통해서 정자를 자궁으로 넣기도 하고, 정자와 난자를 모두 채취해 시험관

▶ 인공수정 ◀

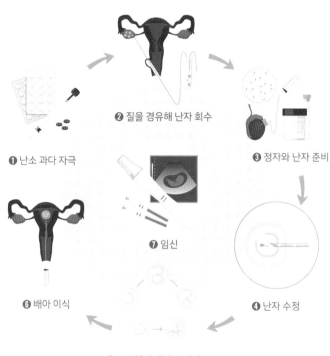

❷ 질을 경유해 난자 회수

❶ 난소 과다 자극

❸ 정자와 난자 준비

❼ 임신

❻ 배아 이식

❹ 난자 수정

❺ 2~6일간 배세포 배양

내가 유전자를 고를 수 있다면

안에서 수정이 이뤄지도록 조작하기도 한다.

인공수정에서 가장 기본이 되는 기술은 정액을 받아 낸 뒤 수정이 잘 이뤄지도록 하는 것이다. 정자를 채취해 여성의 배란기에 잘 맞춰 넣으면 자연적으로 수정이 일어날 수 있다. 이때 배란이 평소보다 잘되도록 약물 처리를 한다. 정상적인 임신이라면 정자가 난자로 들어가 수정이 되지만 시험관에는 정자와 난자가 결합할 가능성이 낮다. 때문에 과배란을 유도하는 생식선자극호르몬-방출호르몬GnRH, Gonadotrophin-releasing hormone을 투여한다. 인공수정으로 임신할 확률은 부부의 나이, 불임의 원인과 기간 등에 따라 다르지만 보통 4회 정도 시행하면 성공할 확률이 50퍼센트를 웃돈다.

시험관에서 정자와 난자가 수정해 태어난 아기를 흔히 시험관 아기라 한다. 즉 시험관에서 수정된 세포를 자궁에 넣는 것이다. 시험관 아기 시술에서 가장 중요한 것은 정자와 난자를 별도로 채취하는 것이다. 난자가 성숙해질 때 적절히 처리해 임신 능력을 높인 뒤 시험관에 정자와 함께 넣으면 임신이 가능해진다.

인공수정으로 태어난 첫 아기는 1978년 7월 25일에 영국 맨체스터의 올덤 종합병원에서 출생한 루이즈 브라운이다. 당시 영국과 미국에서는 충분한 연구를 통해 시험관 아기 탄생에 대한 기술적 문제를 모두 해결한 상태였다. 혹시 모를 위험성이 전혀 없는 것은 아니었지만 성공 가능성이 거의 확실한 상황에서 언제

첫 시험관 아기가 태어나느냐 하는 것만 남아 있었다. 결과적으로 영국 정부가 나서서 미국과의 경쟁에서 승리의 증명서를 첨부하기라도 하듯이 시험관 아기의 출산 과정을 동영상으로 남겨 놓았다.

첫 시험관 아기가 태어난 지 7년이 지난 1985년, 우리나라에서도 시험관 아기가 태어났다. 그해 10월 12일에 서울대학교 장윤석 교수팀이 시험관 아기를 시술해 쌍둥이를 제왕절개로 분만한 것이다. 지금은 우리나라에만 100개가 넘는 시술 기관이 있고, 전 세계적으로는 매년 30만 명이 훨씬 넘는 시험관 아기가 태어나고 있다.

이처럼 시험관에서 이뤄진 수정을 통해 아기가 태어나는 과정은 생명을 다루는 의학 기술인 만큼 문제가 생겨서는 안 되는 시술법이다. 다행히 시험관 아기는 처음 탄생하기 전부터 오랫동안 이론적 근거를 다지고 다양한 방법으로 기술을 발전시킨 덕분에 지금까지 큰 문제가 생기지 않았다.

브라운은 2004년에 결혼식을 올리며 자신을 시술한 의사 로버트 에드워즈를 초대했다. 이후 브라운은 시험관 아기 중 가장 먼저 아기를 낳는 기록을 세웠고, 에드워즈 박사는 2010년에 노벨 생리의학상을 수상했다. 노벨상 수상자로 선정되었다는 것은 이 방법이 이제 의학에서 빼놓을 수 없는 보편적인 방법이 되었다는 뜻이다.

난자를 전해 준 어머니, 배 속에서 키워 준 어머니

아기를 낳기 위해 시험관에서 수정란을 만든 뒤 자궁에 착상시켜 배세포가 자라게 해야 하는데, 자궁이 없는 여성이라면 어떻게 해야 할까?

2016년 통계청 자료에 따르면 자궁암은 여성에게서 발생하는 암 중에서 유방암, 갑상샘암, 대장암, 위암, 폐암, 간암 다음으로 흔하다. 암이란 몸에서 정상적으로 존재하는 세포가 암세포로 변해 비정상적으로 자라는 병이다. 암세포가 자란 장기에 따라 암의 이름을 붙이고, 어떤 세포가 비정상인 암세포로 바뀌었느냐에 따라 더 세분화된 이름을 붙이기도 한다.

자궁은 질에 연결된 경부와 훨씬 안쪽의 체부로 나눌 수 있다. 암이 자궁에 생기면 자궁암, 경부에 발생하면 자궁경부암자궁목암, 체부에 일어나면 자궁체부암이라 한다. 또 편평상피세포동물의 몸 표면이나 내장기관의 내부 표면을 덮는 상피세포 중에서 모양이 편평한 세포가 암세포로 바뀌어 발생하는 암을 편평상피세포암, 근육세포가 암세포로 바뀌어 생기는 암을 자궁근암이라 한다.

자궁암은 주로 나이 든 여성에게 발생하지만 젊은 여성에게 전혀 생기지 않는 것은 아니며, 치료하지 않으면 길어야 몇 년 뒤에 생명을 잃을 수 있기에 꼭 치료를 받아야 한다.

예전에는 암을 불치병이거나 난치병이라 여겼지만 최근에는 치료법이 많이 발전했다. 가장 널리 쓰는 치료법은 수술로 암 덩어리를 잘라 내는 것이다. 암세포는 그냥 두면 정상 세포로 바뀌지 않고 계속해서 늘어난다. 그러므로 수술로 암세포 덩어리를 잘라 낼 때는 암세포가 남지 않도록 잘 잘라야 한다. 따라서 눈에 보이는 암세포 범위보다 더 넓은 범위를 잘라 내기도 한다. 때문에 암이 생긴 자궁을 수술로 잘라 내면 임신하지 못하는 경우가 생길 수 있다. 이는 아기를 가지려고 노력해 온 사람에게 큰 괴로움이 된다.

영화에서는 복제 기술을 써서 시험관에서 얻은 수정란을 인공 배양기에 넣고 태아로 자라나게 하지만, 현대의학은 아직 거기까지 이르지 못했다. 시험관에서 얻은 수정란을 다른 여성의 자궁에 착상시켜 태아로 자라게 할 수는 없을까? 의학적으로는 결코 어려운 일이 아니다. 수정란을 자궁에 넣고 태아로 키워 출산하는 일만 맡는 여성을 대리모라 한다.

중국과 일본, 프랑스, 독일 등에서는 대리모가 불법이고 영국과 오스트레일리아, 러시아, 인도 등에서는 대리모가 합법이다. 미국은 주에 따라 다르다. 대리모가 아기를 낳은 뒤에 아기를 키우겠다고 주장하면 어머니로 인정하는 법을 가진 곳도 있다. 대리모가 40주간 태아를 키우면서 사랑이 깊어져 어머니가 되겠다고 마음먹는 경우가 생기곤 하는 것이다. 또 가까운 친척에게 대리모를 맡겼더니 아기가 태어난 뒤 친족 관계를 정리하기가 어려워지기도 한다.

의학적으로 대리모는 임신을 못 하는 여성에게 아기를 갖게 하는 좋은 방법이 되지만, 윤리적으로나 법적으로 문제가 될 수 있어서 우리나라에서는 이를 인정하지 않고 있다. 따라서 수정된 배아를 자궁에 이식할 때 실제 어머니가 맞는지를 확인한다. 법적으로 대리모가 허용되는 나라에 가서 대리모가 낳은 아기를 우리나라에 데려와 자녀로 등록하는 것도 허용하지 않는다.

인간 복제와 생명 연장의 꿈

1997년 2월 27일, 국제 학술지 《네이처》에 실린 논문 한 편이 전 세계를 강타했다.[2] "1996년 7월 5일 영국의 로슬린 연구소에서 세계 최초로 체세포의 유전정보를 이용해 복제양 돌리Dolly를 탄생시키는 데 성공했고, 돌리는 생후 7개월째 잘 자라고 있다"라는 내용이 알려진 것이다.

논문의 공동 저자인 이언 윌멋과 켐벨 키스는 이미 복제 연구로는 세계적 유명 인사였다. 두 연구자가 권위 있는 학술지에 발표한 논문도 여러 편인데 유독 이 논문이 전 세계 통신사의 주목을 받은 이유는 무엇일까? '동물 복제가 현실이 되었으니 조만간 인간 복제도 가능해질 것'이라는 우려와 기대를 동시에 일으켰기 때문이다.

인간 복제란 무엇일까?

1997년을 전후해 대학 입시를 치르는 수험생이 꼭 답변을 준비해야 할 면접 예상 문제 중 하나는 다음 질문이었다. "인간 또는 동물의 복제에 찬성하나요, 반대하나요? 그 이유는 무엇인가요?"

당시 우리나라에서는 인간 복제를 찬성하는 사람이 거의 없었지만 미국에서는 상대적으로 찬성하는 비율이 높았다. 그 이유는 복제를 뜻하는 용어가 서로 달랐기 때문이다. 1993년 10월 24일자 <뉴욕 타임스>에서는 '인간 복제'라는 용어를 처음 시사적으로 썼는데, 여기서 인간 복제란 '정자와 난자가 수정된 뒤 태아로 발육되기 전 상태에 있는 인간 배세포를 복제하고 이를 정상적인 과정으로 발생시켜 동일한 유전자를 가진 인간을 계속 출산해 내는 것'이었다. "인간 배아의 복제cloning of human embryo"라는 용어를 사용했다. 이러한 방법으로 복제되어 탄생한 인간은 태아 단계에서부터 각 개체로 성장하므로 모체 밖으로 나오면 살아가는 방식과 경험, 환경의 차이에 따라 서로 다른 생각과 경험뿐만 아니라 서로 다른 얼굴을 가질 수 있다.얼굴이 비슷하기는 하겠지만. 결과적으로 이란성 쌍둥이와 같다고 볼 수 있다.

따라서 아돌프 히틀러의 체세포를 이용해 또 다른 히틀러를 복제하면 그가 제3차 세계대전을 일으킬 것이고, 아인슈타인을 복제하면 인류에게 도움이 될 또 하나의 위대한 업적을 남길 사람이 태어나리라는 생각은 접어야 한다. 복제된 인간은 원래의 인간과 비교할 때 유전적인 특성만 같을 뿐이다. 가능성이 낮기는 하지만 유전자는 변이가 일어날 수도 있으므로 유전적인 형질마저 달라질 수도 있다. 이를 고려하면 위에서 정의한 인간 복제와 우리의 상상 속에 끔찍하게 각인된 복제인간은 거리가 멀다는 것을 알 수 있다.

우리말로 '인간 복제'라는 표현을 썼을 때 보통 사람이 상상하는 복제인간, 즉 어느 날 갑자기 특정인과 같은 가치관과 신체적 특징을 가진 사람이 동시에 여럿 나타나 가정과 사회를 혼란스럽게 하는 일이 벌어질 수 있을까?

현대 과학으로는 불가능하다. 역사적으로 과학 발전은 예상보다 빠른 경우가 많았다는 점을 감안하면, 현대 과학자가 생각하지 못한 또 다른 새로운 기술과 방법으로 특정인과 똑같은 가치관과 신체적 특징을 가진 사람을 동시에 여러 명 복제하는 것이 조만간 가능해질지 모른다. 그러나 1997년부터 지금까지 인간 복제와 관련된 논문이나 언론 보도에 따르면 체세포의 유전정보를 미수정란에 이식하거나 수정란의 핵을 미수정란에 이식시키는 방법을 포함해 어떤 방법으로도 보통 사람이 상상하는 복제인간 만들기는 성공하지 못했다.

우리나라보다 미국에서 인간 복제에 대한 찬성 의견이 많았던 것은 복제라는 용어로 'duplication'이 아니라 'cloning'을 썼기 때문이다. 'duplication'은 유전정보는 물론 머릿속에 들어 있는 생각과 경험까지 똑같은 복제를 의미하지만 'cloning'은 유전정보만 같은 일란성 쌍둥이에 해당하는 복제를 뜻한다. 우리나라에서 '복제'라는 말에 거부감이 강한 것은 그동안 소설과 영화에 나온 인간 복제가 일반 대중에게 바람직하지 못하다는 느낌을 주었기 때문일 것이다. 대개 '그러므로 인간 복제는 막아야 한다'라는 결론을 내려 인간 복제는 도저히 받아들일 수 없다는 이미지를 심는 데 한몫했으며, 영화 <블레이드 러너Blade Runner>1982, <닥터 모로의 DNAThe Island of Dr. Moreau>1996, <가타카Gattaca>1997 등에서는 인간 복제보다 사회적 혼란을 부를 가능성이 더 큰 유전자 조작에 대한 내용을 포함해 관객에게 엽기적인 인상을 남겼다.

크로스오버로 여러 번 재탄생한 영화 <저지 드레드Judge Dredd>1995도 빼놓을 수 없다. 영화 속에서 지구 정복의 야심을 품은 악당은 21세기에 인간 복제용 인큐베이터를 생산해 8시간 만에 자신을 복제한 태아를 자신의 크기로 성장시킨다. 그리고 각종 경험과 지식, 기억 등 뇌 속에 들어 있는 정보를 인큐베이터에서 자라나는 복제인간에게 전해 준다. 이로써 영화는 유전적·정신적·신체적으로 완벽한 복제인간이 탄생해 일어날 수 있는 사회적 혼란을 그린다. 인류가 우려하는 인간 복제의 폐단을 여실히 보여 준 영화지만 이 영화에서 보여 준 인간 복제 기술은 현대 과학으로는 불가능하고, 상상으로나 가능하다.

복제를 시도하는 이유

윌멋은 돌리의 탄생 이후 영국 하원 청문회에서 자신의 연구 목적은 '우량 가축을 대량 생산해 인류에게 필요한 영양분을 지닌 식량을 공급하고 질병 치료에 쓸 의약품을 개발하기 위한 것'이라 이야기했다. 더불어 효과적인 방법으로 인간 복제를 금지하는 구상을 전적으로 지지한다고 발표함으로써 인류를 위한 동물 복제는 허용하더라도 인간 그 자체를 복제하는 일은 피해야 한다고 주장했다.

실제로 생명 복제 기술은 의약품 개발, 장기이식, 질병 연구, 식량난 해소 등에 아주 유용할 뿐 아니라 멸종 위기에 처한 생명체나 종족을 보존할 수 있는 방법이기도 하다.

미국의 기업 사노피 젠자임은 사람의 혈액응고 억제 단백질을 가진 염소를 만드는 데 성공했으며, 윌멋에게 연구비를 준 기업 PPL Therapeutics은 신생아에게 필요한 아미노산이 포함된 우유를 생산하는 젖소를 개발했다. 영국과 일본에서는 돼지를 이용해 장기이식 수술에서 거부반응을 일으키지 않는 심장과 콩팥을 만드는 연구를 진행하는 등 활발한 활동을 보였다.

복제 기술을 응용해 수익성 높은 생명공학 산업으로 발전시키기 위한 방안으로 현재 논의되는 것은 여러 가지가 있다. 질병으로 못 쓰게 된 인체 장기를 동물 장기로 대체하는 방법, 분화가 덜 된 줄기세포를 이용해 원하는 상태로 분화된 세포를 얻을 수 있는 방법, 생체 조직과 아주 유사한 합성 소재로 조직이나 장기를 만드는 조직공학 방법 등이다. 최근에는 이 분야가 엄청나게 발전하면서 일부 세포나 조직을 의학에 이용할 준비를 갖췄으며, 의학 발전에도 크게 기여할 것으로 보인다.

이 같은 연구는 성인의 생명체 자체를 복제하는 게 아니라는 점에서 상상 속의 인간 복제와 다를 뿐, 인간과 동물이 가진 유전 정보의 일부를 복제해 인위적으로 얻어 낸다는 점에서 넓은 의미의 인간 복제에 속한다.

생명체 복제를 둘러싼 논란

돌리의 탄생 뒤 생명체 복제를 둘러싼 논란은 점점 뜨거워졌다. 특히 반대 의견이 강한 시점에 앨라배마대학교 철학 교수인 그레고리 펜스는 《누가 인간 복제를 두려워하는가?》라는 책을 발표했다. 펜스는 인간 복제의 실상을 제대로 알면 반드시 반대할 일은 아니라고 주장했다. 펜스의 주장을 포함해, 생명체 복제에 대한 부정론과 긍정론에는 어떤 의견이 있는지 살펴보자.

• 부정론
① 인간 고유의 정체성을 지닐 권리를 침해한다.
② 인간은 미래를 알지 못할 권리를 가진다.
③ 복제 기술이 부족해 예상치 못한 결과를 부를 수 있다.

④ 나와 같은 사람이 또 있다면 심리적으로 기분 나쁘다.

⑤ 개인의 가치가 떨어지고 인간의 존엄성이 훼손된다.

⑥ 상업적 이익 때문에 인간 복제를 하게 되면 사회가 혼란스러워진다.

⑦ 정부나 특정 집단이 비도덕적인 목적으로 인간 복제를 활용할 수 있다.

⑧ 기존의 사회질서가 어지러워진다.

⑨ 변화가 싫다.

• 긍정론

① 인간 복제는 개인의 권리다.

② 인간은 번식과 출산의 권리를 가진다. 그 방법을 논할 필요가 없다.

③ 태아가 탁월한 유전자를 가지도록 복제하는 것은 죄가 아니다.

④ 양수천자검사는 왜 할까? 선천성 기형 문제로 낙태할 권리가 있다면 복제도 허용해야 한다.

⑤ 장기이식에 사용할 장기를 복제하는 것과 같이 생명체의 일부만 복제하는 기술이 가능해진다면 질병에서 해방되고 생명을 구할 수 있다.

⑥ 복제인간은 유전자만 같을 뿐 진짜 복제인간이 아니다.

⑦ 인간 복제 자체가 과학적 발전이다.

⑧ 환경 파괴 등에 의해 앞으로 인간이 살아남을 방법은 복제 말고는 없다.

⑨ 복제 말고 다른 방법이 없다면 복제할 수밖에 없다.

⑩ 인류를 이끌 지도자나 뛰어난 인물을 복제할 수도 있다.

긍정론의 마지막 두 가지만 더 자세히 알아보자.

1992년에 닐스 스카케백이 이끄는 덴마크의 연구팀은 1938년부터 1991년까지 수집한 연구 결과를 토대로 정자 수가 줄고 질이 나빠졌다는 발표를 하면서 그 이유로 살충제와 플라스틱 등에서 유래한 환경오염 물질을 들었다.[3] 이는 환경호르몬에 의한 피해를 직접적으로 주장한 연구였다.

이 연구는 세계적으로 큰 반향을 일으켜 지난 20여 년간 비슷한 연구가 많이 진행되었다. 정자 수가 줄고 질도 나빠졌다는 연구 결과도 나왔고, 그 반대되는 연구 결과도 계속 제시되었다. 그런데 2011년에 같은 연구팀이 15년간 정자 수 변화를 다시 검사해 정자 수가 달라지지 않았다고 발표함으로써[4] 환경오염에 따른 환경호르몬 노출 빈도가 늘어서 정자가 줄어든다는 이론은 빛을 잃었다.

그런데 정자 수가 감소하는 것이 사실이라면 어떻게 될까? 정자가 난자와 만나 수정하려면 적정한 수가 확보되어야 하고, 그 수가 줄어들면 정자의 질이 좋아야 한다. 수도 줄고 질도 나빠지면 수정이 불가능하다. 1992년에 나온 연구 결과가 큰 반향을 일으킨 이유 중 하나는 정자 수가 줄어드는 일이 이어져 수정이 불가능해지면 인류가 멸종될 수도 있다는 위험 때문이었다. 다행히 19년 만에 그 연구 결과에 물음표가 찍히기는 했지만, 그 연구 결과가 사실이라면 인류의 멸종을 막는 가장 쉬운 방법은 복제 기술을 개발하는 것일 수도 있다. 그러므로 복제를 원천적으로 봉쇄해야 한다고 생각한다면, 인류가 멸종 위기에 처해 있고 그 위기에서 벗어나는 방법이 복제뿐인 순간이 와도 복제를 반대할 것인지 대답해야 한다.

1992년 오스트레일리아의 천문학자 덩컨 스틸은 2116년 8월 14일에 직경 5킬로미터인 혜성이 지구에 충돌해 히로시마에 떨어진 원자폭탄의 160만 배에 이르는 충격이 일어나 지구는 암흑시대로 돌변해 멸망할 거라고 주장했다.[5] 사실이라 가정하면 인류는 90여 년 뒤에 일어날 대재앙을 막을 대책을 세워야 한다. 앞으로 50년이 지나도록 명확한 해결책을 찾지 못하면 누군가 이렇게 말할지도 모른다.

"지난 50년간 우리는 대책을 찾지 못했으니 이제부터 새로운 방법을 찾아야 합니다. 평범한 사람의 머리로는 대재앙을 막을 방법이 없습니다. 그러니 아리스토텔레스, 뉴턴, 갈릴레이, 아인슈타인의 유전자를 복제해 복제인간을 만들어 낸 다음 현재 인류가 지닌 모든 지식을 가장 짧은 시간에 배우도록 교육하고, 그들이 해결책을 찾도록 합시다."

이 주장에 반대할 명분을 찾기는 쉽지 않을 것이다. 어떤 이유로든 생명체를 복제하는 것은 원천적으로 불가하다는 주장에 대해, 그렇지 않을 수도 있다고 이야기하려 해보는 말이다.

인간 복제에 긍정론과 부정론이 있는 것은 당연하다. 무조건 긍정 또는 부정을 주장하기에 앞서 복제 기술이 어떤 효과를 지니며 어떻게 이용 가능한지에 대해 더 깊이 있는 연구와 논의가 필요하다.

생명체 복제의 미래

세계가 돌리의 충격에서 헤어나지 못하고 있을 때 또 하나의 사건이 발생했다. 1997년 10월 22일자 <시애틀 타임스>에 따르면, 영국 배스대학교의 조너선 슬랙이 개구리 배아 유전자를 조작해 특정 부위의 발달을 막아 머리 없는 올챙이를 만드는 데 성공한 것이다. 이로부터 생명체 전체를 복제하는 기술뿐 아니라 생명체의 특정 부위를 선택해 복제하는 것도 가능해질 것이라는 기대가 현실로 바뀌게 되었다.

1998년 5월에는 미국의 로버트 화이트가 원숭이의 머리 교환 수술에 성공했다. 인체에서 가장 복잡한 구조를 가진 머리도 이식할 수 있는 수준으로 발전할 가능성을 보인 것이다.

목을 치면 사람은 바로 죽는다. 뇌로 가는 혈관과 신경이 많아서 목이 잘리면 뇌 기능을 못 하게 되어 사망하는 것이다. 일산화탄소 중독 또는 목을 매어 뇌에 피를 공급하는 경동맥이 막히는 상태가 5분 이상 지속되어도 뇌에 산소가 제대로 운반되지 못하므로 뇌사에 빠지거나 목숨을 잃는다. 그러므로 머리 이식을 하려면 목을 통과하는 모든 혈관과 신경을 아주 빨리 연결해야 하므로 어려울 수밖에 없다.

1998년에 화이트가 시도한 머리 이식은 그의 성공 주장과 다르게 하루도 채 지나지 못하고 원숭이가 세상을 떠남으로써 성공 여부에 의문이 제기되었다.

그런데 그 뒤로도 원숭이 머리 이식을 시도하고 있다는 언론 보도가 꾸준히 나왔다. 언론에 이름이 가장 많이 거론된 이는 이탈리아의 세르조 카나베로다. 2014년 6월에 열린 미국 신경과학회에서 사람의 머리를 이식할 계획을 발표해 주목을 끈 사람이다. 그는 2016년 1월에도 원숭이 머리 이식에 성공했다고 발표했지만 이때는 혈관 이식만 성공하고 신경은 연결하지 못했다.

2017년에 카나베로는 미국과 유럽에서는 사람의 머리 이식을 허용하지 않을 테니까 상대적으로 규제가 약한 중국에서 도전하겠다고 발표하더니 중국의 런샤오핑任曉平과 공동 연구를 하면서 논문을 내놓기 시작했다. 2019년 3월 29일에는 중국의 <사우스차이나모닝포스트>에 개와 원숭이의 끊어진 척수를 연결하는 데 성공했다고 발표하면서 '사람의 머리 이식 수술도 가능해질 것'이라고 주장했다. 이들에 따르면 수술을 마친 원숭이와 개가 걸어 다녔다고 하지만 아직 논문과 동영상이 공개되지 않아 자세한 내용을 파악하기는 어렵다. 다만 머리 이식 수술에 대한 거부감이 있음에도 관심을 가진 이들이 연구를 진행하고 있으며, 언젠가 아주 진보된 연구 결과를 얻을 수도 있으리라 예측하게 한다.

그런데 머리 없는 올챙이를 응용해 머리 없는 사람을 얻는다면 어떻게 될까? 예를 들어 노인이 젊은이의 몸을 갖고 싶을 때 머리 없는 인간을 복제해 자신의 머리를 떼어 붙인다면? 인간 복제보다도 더 받아들이기 어려운, 엽기적인 사건이 될 것이다.

지금 이 순간의 생명과학 기술 수준은 특정 인물과 똑같은 유전자와 경험과 지식을 지닌 인간 개체를 복제하는 일이 가능한 단계가 아니다. 단지 양과 소, 생쥐에서 동일한 유전자를 지닌 복제 동물을 만들었으며 이로써 인간 복제가 가능해지리라는 가능성만 보였을 뿐이다. 생명체 복제 기술은 논란이 계속되는 가운데서도 계속 발전할 것이다. 불치병에 걸린 환자도 현재 쓰는 치료법보다, 완벽히 자기 몸을 재구성할 수 있는 복제 장기의 이식을 바라게 될지 모른다.

유전자 치료법은 유전자의 복제와 조작을 함께 다루는 방법으로, 유전물질을 인위적으로 조작한다는 면에서 볼 때는 복제보다 한 단계 더 높다. 이미 일부 유전자에 대해서는 임상시험에 들어

> **유전자 치료법**
>
> 인체에서 제대로 기능을 하지 못하는 유전자 대신 정상적으로 기능할 수 있는 유전자를 공급하는 방법. 유전자는 핵을 가진 세포 속에 어디나 있지만 기능을 잘하는 것은 다양한 생명현상의 영향을 받아서 결정된다. 그러므로 정상 유전자를 넣어 준다 해도 기능을 제대로 하는가는 알 수 없으며, 정상 유전자를 고장난 세포에만 골라서 전달하는 것도 아주 어려운 문제다.

가 좋은 효과를 거둔 유전자 치료법의 개발을 당장 그만두게 하지 못한다면 유전자 조작 기술을 반대할 수도 없고, 한 개체의 유전체 전체가 아닌 일부를 복제에 이용하는 연구는 막을 수 없어진다.

인간 한 명을 완전히 복제하는 일은 둘째 치고 유전자 하나 또는 일부 유전체를 복제하는 일은 현재 세계 곳곳에서 연구 중이다.

약 40년 전, 유전자를 자르고 결합시켜 새로운 유전자를 만드는 것이 가능해졌을 때 유전자 조작을 어디까지 허용할지에 대한 논의가 일었다. 시험관 아기가 태어났을 때도 신이 준 생명현상에 대한 도전이라는 이야기가 있었다. 하지만 시간이 흘러 과학이 발전하고 사회 관습이 달라지면서 논의의 대상이 되지 않을 정도로 적당한 판단 기준을 갖게 되었다.

인간 복제도 찬반양론으로 볼 게 아니라, 무엇을 찬성하고 반대할 것이며 미래 인류를 위해 오늘날 어떻게 할지를 말해야 한다. 복제양 돌리의 탄생으로 가능해진, 체세포를 이용한 대량 복제의 가능성으로부터 제기된 인간 복제의 가능성에 대해 이제부터는 전 인류가 머리를 맞대고 논의해야 한다. 현실화된 이 가능성을 '윤리적으로 문제가 있으니 막자'가 아니라 '가장 효과적으로 이용할 수 있는 방법을 찾자'는 목표를 세워 과학 발전의 방향을 이끌어야 할 것이다.

감정이나 기분에 치우친 해석은 걷어 내야 한다. 현실로 나타난 인간 복제에 대해 새로운 가치관을 정립하고 그 가치관에 따라 인간 복제를 어떻게 받아들이고 대처할지 판단해야 한다. 이미 멸종된 매머드나 호랑이를 복제하겠다는 발표가 있었듯 환경 파괴로 인류와 여러 생물체의 멸종 가능성이 계속 나오는 이 시점에서 종 보전을 위해서는 복제가 유일한 방법이라 어쩔 수 없이 복제를 선택해야만 하는 상황이 오지 않는다고 그 누구도 확신할 수 없다.

건강한 아기를 얻기 위한 노력

유전적으로 우성과 열성을 구별할 수 있을까? 달리기를 할 때 달리기를 잘하는 사람은 그렇지 못한 사람보다 우성이라 할 수 있다. 그러나 달리기를 잘하는 것이 모든 경우에 우성인지에 대해서는 대답하기 어렵다. 또한 키가 큰 것이 우성이고 키가 작은 것이 열성이라고 생각하기 쉽지만, 높은 곳의 물건을 꺼내려면 키가 큰 것이 우성이라 해도 바닥에 떨어진 물건을 주워야 할 때는 키가 작은 것이 우성일 수도 있다.

유전학적 우성과 열성

20세기 후반에 생화학과 분자생물학이 크게 발전하면서 특정 질병이 특정 유전자의 이상으로 일어난다는 사실이 널리 알려졌다.

즉 헌팅턴 무도병, 페닐케톤뇨증, 낫모양 적혈구 빈혈증 등을 포함해 수백 가지 질병이 인체에 존재하는 특정 유전자 때문에 발생한다는 것이다.

유전자는 핵 속에 존재하면서 유전적 소양을 자손에게 물려주는 DNA가 모인 덩어리로, 유전자 하나는 보통 단백질 하나를 합성할 수 있는 유전정보를 지닌다. 사람의 몸에서 이뤄지는 특수한 기능은 일반적으로 그 기능을 할 수 있는 단백질이 만들어진 뒤에 결정된다. 모든 단백질을 동시에 가지고 있으면 종류가 너무 많아서 필요한 단백질이 기능할 수 있는 장소로 이동하기 어려우므로 단백질은 필요할 때마다 만들어졌다가 사라지곤 한다.

반세기 전과 비교하면 비만한 체형을 가진 사람이 세계적으로 늘어났다. 이유는 사람이 가진 유전적 특성 때문이다.

인류는 유인원 시절부터 제2차 세계대전이 끝나기까지 먹을거리가 부족한 채로 지냈고, 음식을 먹을 때는 영양소를 최대한 흡수해 몸에 쌓았다가 음식이 부족할 때 이를 에너지원으로 사용할 수 있는 몸을 가지게 되었다.

20세기 중반 이후 비교적 평화로운 시기가 지속되고 농업 생산성이 크게 높아지면서 음식 사정이 전보다 한층 좋아졌다. 더불어 칼로리 높은 패스트푸드가 보급되며 인류는 역사상 처음으로 먹을거리가 풍부한 시기를 보내고 있다. 그러나 오랜 시간에 걸쳐 저장 능력을 키운 사람의 몸은 풍부해진 음식 공급에 적응이 덜 되어서 계속 영양소를 흡수해 몸에 쌓아 두다 보니 비만한 몸을 가진 사람이 늘고 있다.

오늘날처럼 먹을거리가 풍부한 시대에는 음식을 먹어도 흡수 능력이 부족해 그냥 배설되는 편이 건강에도 유리하고 먹는 기쁨을 누리며 살기 좋다. 과거에는 유전적으로 우수한 형질이었던 흡수와 저장 능력이 지금은 좋지 않은 유전형질이 되어 버린 것이다.

유전정보는 오로지 정보일 뿐이다. 사람들은 자신이 어떤 성향을 지니고 싶은가에 따라 우성과 열성을 판단하곤 하지만 이 정보가 실제로 인생에서 우성의 기능을 할지 열성의 기능을 할지는 판단하기 어려운 경우가 많다. 유전정보만으로는 심오한 생명현상을 이해하기도 설명하기도 어렵다. 물론 알고 있으면 건강한 생활을 위한 도움을 받을 수는 있지만 이를 극단적으로 활용하면 더불어 잘 사는 사회를 만드는 게 아니라 갈등을 부추길 뿐이다.

유전질환을 해결할 수 있을까?

1817년에 영국의 병리학자 제임스 파킨슨이 최초로 보고한 파킨슨병은 중추신경계가 퇴행하면서 사지와 몸이 떨리고 경직되는 질병이다. 연령이 높을수록 발생 빈도가 높으며, 질병이 진행될수록 조금씩 머리를 앞으로 내밀고 몸통과 무릎이 굽어 있는 자세를 취한다. 손이 떨리고 동작이 느려져 다리 간격을 길게 하지 못하고 작은 보폭으로 걸어가는 모습이 아주 특징적이다. 얼굴은 가면 같은 표정으로 바뀐다. 뇌의 시각교차 부위의 절단면에서 전반적으로 세포가 오밀조밀하지 못하고 위축된 모습을 보이며, 뇌의 흑색질 부위에 색소가 사라진 것을 관찰할 수 있다. 흑색질에서 대뇌 기저핵의 기능을 조절하기 위해 분비되는 신경전달물질인 도파민 감소로 이 질병이 발생한다.

파킨슨병은 아주 오래전에는 비교적 희귀질환에 속했으나 현재는 미국에서만 100만 명이 넘는 환자가 있을 것으로 추정되며, 매년 새로운 환자가 6만 명씩 발생한다는 보고도 있다. 치료법으로는 부족한 도파민을 투여하는 것을 생각해 볼 수 있으나, 도파민이 대뇌에 제대로 전달되지 못하므로 전구체^{어떤 물질대사나 반응에서 특정 물질이 되기 전 단계의 물질}인 도파를 투여해 대뇌에서 도파민으로 대사되도록 하는 방법을 쓴다. 하지만 기대만큼 좋은 결과를 얻지 못해 난치병으로 취급한다.

그런데 10여 년 전부터 유전자 치료법으로 파킨슨병을 치료할 수 있으리라는 연구 결과가 나오고 있다. 2007년에는 뇌에서 도파민을 만드는 세포가 죽는 현상을 정지시키거나 느리게 하는 단백질이 발견되었다. 그중 하나인 GDNF^{Glia-Derived Neurotrophic Factor}를 임상적으로 치료에 이용하기 위한 연구가 진행되고 있다.

유전자를 손상된 대뇌세포에 전달함으로써 파킨슨병을 치료할 가능성을 찾았다는 연구는 계속 발표되었다. 한 예로 GDNF와 아주 밀접한 관련이 있는 뉴투린neurturin이라는 유전자를 아데노 연관 바이러스에 클로닝한 다음 머리뼈에 작은 구멍을 뚫어 바늘로 주사해 좋은 결과를 얻었다.[6]

유전자 치료법은 1990년에 중증복합형면역부전증severe combined immune deficiency에 걸린 1세 어린이에게 최초로 시도되었다. 당시에는 첫 시도이니만큼 미국 보건당국의 수많은 검정을 거쳐서 최초의 유전자 치료 대상자를 선정했다. 이 질병에 걸린 환자는 보통 2년을 넘기지 못하고 사망하는데, 이 어린이는 10년 이상 비교적 건강하게 생존함으로써 미래에 유전자 치료법이 보편화될 것이라는 가능성을 보여 주었다. 그러나 1990년대 중반부터 수많은 유전자 치료법이 실제 환자에 적용되었는데도 이렇다 할 결과는 아직 나오지 않고 있다.

질병과 연관을 지닌 유전자가 질병을 일으키는 기전이 일정하지 않으므로 유전자를 이용해 질병을 치료하는 방법은 각 유전자에 따라 달라져야 한다. 이것이 유전자 치료법 개발이 쉽지 않은 이유다.

그러나 학문의 발전은 점점 더 빨라지고 있기에 크리스퍼 유전자 가위를 비롯한 유전자 치료법 개발에 대한 희망은 여전히 살아 있고, 이 기술이 일반화되는 날이 온다면 유전질환을 지닌 태아와 부모에게는 더없이 기쁜 소식이 될 것이다.

크리스퍼 유전자 가위

크리스퍼 유전자 가위는 세균이 자신에게 침입한 바이러스의 DNA를 절단하기 위해 유전체 내에 정보를 가지고 있다가 그 바이러스가 또 침입하면 바이러스의 DNA를 잘라 버리는 크리스퍼 유전자의 기능을 이용한 것이다. 침입한 바이러스의 DNA를 자를 수 있는 세균의 유전자 염기서열에서 회문앞으로 읽으나 뒤로 읽으나 염기 서열이 같은 것이 반복되는 것에서 유래해 간헐적으로 반복되는 회문 구조 염기서열 집합체Clustered Regularly Interspaced Short Palindromic Repeats의 앞 글자를 따서 붙인 이름이 바로 크리스퍼CRISPR다.

크리스퍼 유전자 가위가 크게 각광받는 것은 염기서열 21개를 인식하기 때문이다. 우연히 택한 염기서열이 21개 연속 일치할 가능성은 약 4조 4,000만분의 1이므로 30억 개인 사람의 유전체를 감안하면 21개의 염기서열이 정확히 일치하는 곳이 확률적으로 존재하지 않으므로 엉뚱한 곳을 절단할 가능성이 없다는 것이 최대 장점이다. 오류가 일어날 가능성이 없으니 활용 가치가 높은 것이다.

태교는 정말 효과가 있을까?

사람이 능력을 발휘해 사회에서 성공을 이루려면 유전적 성향이 중요할까? 아니면 환경에 대한 적응력이 중요할까?

육상 경기에서 카리브해의 작은 나라 자메이카 선수들이 항상 좋은 성적을 거두는 걸 보면 유전적 성향이 중요하게 생각되기도 한다. 하지만 그 나라에서 달리기의 인기가 미국에서 미식축구나 야구의 인기에 못잖은 걸 보면 환경의 영향도 무시할 수 없다고 할 수 있다.

임부가 태아에게 좋은 영향을 주기 위해 말과 행동, 마음가짐을 조심하는 일을 태교라 한다. 이는 태아 상태에서 마주치는 교육을 의미하는 태중 교육의 준말이다. 아기가 자라나는 환경이 성인이 되었을 때의 성격이나 역량에 중요한 영향을 미치듯이 태아는 정서적·심리적·신체적으로 모체의 영향을 많이 받는다는 것이 태교의 중요성을 보여 주는 내용이다.

조선의 《태교신기^{胎敎新記}》를 비롯해 동양에서는 태교에 관한 내용을 담은 책이 많이 전해질 만큼 역사적으로 태교에 관심이 많았다. 서양에서도 성서나 히포크라테스의 이름을 빌린 책에 태교에 대한 내용이 나오고, 19세기 이후에는 어떻게 태교해야 아기에게 좋은 영향을 줄 수 있는가에 대해 과학적 연구가 진행되기도 했다.

태교가 과학적인지를 묻는다면 과학적 실험 방법으로 태교가 어떤 효과를 미치는가에 대한 증거를 찾아야 한다. 태아는 모든 영양소를 모체로부터 공급받으므로, 임부의 영양 상태가 좋아야 태아의 성장이 제대로 이뤄질 수 있다. 그런데 모체의 정신 건강이 아기의 성격 형성에 미치는 영향을 연구하는 것은 쉽지 않다. 단지 임부가 놀라거나 정서적으로 불안할 때 아기가 반응을 한다는 점에서 관련이 있을 거라고 가늠할 뿐이다.

또한 아기가 태어나 자랄 때 가족이 매일 싸우면 아기에게 좋은 영향을 주지 못한다. 마찬가지로 태아 때부터 행복을 염원하는 가족의 사랑이 전해지는 것이 태아가 행복한 인생을 살아갈 가능성을 조금이라도 더 높여 줄 것이라 볼 수 있다.

태아가 장차 영어를 잘하려면 임신 중에 영어를 들려주는 것이 좋을까? 이는 과학적 근거를 전혀 찾을 수 없다. 그러나 임부가 아름다운 음악을 듣고 그림을 보면서 정서적 안정을 가질 수 있다면 아기에게 그 마음이 전해져 편안하게 자랄 가능성은 높아진다. 임신 기간에 아기와 상호 교감을 이루기 위해 노력한다면 그것이 바로 아기에게 좋은 영향을 주는 태교다.

거리에 구급차의 사이렌이 울리면 지나가는 자동차들은 길을 터준다. 목숨이 위태로운 사람이 빨리 응급실에 도착해 의사를 만나도록 배려하는 것이다.

이렇듯 위급한 상황이 아니더라도, 병이 생긴 사람은 병원에 가서 의사의 진료를 받아야 한다. 따라서 과거에는 병원이 질병을 치료하는 곳, 의사는 질병을 치료하는 사람이라 여겼다. 그런데 사람의 몸은 질병이 생긴 뒤 치료하는 것보다 그 전에 예방하는 것이 더 중요하다. 그래서 오늘날에는 몸에 이상이 있는지 정기적으로 살펴보는 건강검진이 점점 더 중요해지고 있다. 병이 없는 상태로 병원에 가서 의사의 진료를 받는 일이 전보다 흔해지면서 병원은 건강을 관리하는 곳, 의사는 건강을 관리하는 사람이 되었다.

사람의 몸에서 일어나는 생명현상은 아주 오묘해서 진찰이나 시술을 잘못하면 치명적인 결과를 가져올 수 있다. 의사는 항상 신중하게 환자를 대해야 하고, 의학 지식을 잘 갖춰야 한다. 수백 년 전에는 스승을 잘 만나 의술을 배우면 스스로 의사라고 나설 수도 있었다. 지금은 거의 모든 나라에서 정규 과정을 거쳐 의학을 공부해야 의사면허시험에 응시할 자격을 주고, 시험에서 일정 점수를 내야 의사면허를 발급한다.

드물기는 하지만 의사면허시험에 합격한 뒤 환자를 만나는 일을 하지 않고, 다른 일을 하는 사람도 있다. 병원에서 환자를 직접 치료하는 사람 외에도 진단검사의학, 영상의학, 마취과학 등과 같이 간접적으로 치료를 돕는 사람을 흔히 의사라 한다. 엄밀히 이야기하자면 임상의사라 해야 옳다.

의과대학을 졸업하고 의사면허를 받으면 사람들을 만나 건강을 상담하고 환자를 치료할 수 있지만, 의학의 범위가 넓어서 공부해야 할 내용이 아주 많으므로 전문의가 되기 위한 과정을 밟는 경우가 대부분이다. 임상의사면서 특정 과목을 전문으로 진료하는 의사를 전문의라 한다. 전문의가 되려면 의사면허를 얻고 1년간 인턴 과정을 마친 뒤 전공과목과 관련해 3~4년간 수련을 받아야 한다. 내과, 소아청소년과, 산부인과, 정신과, 응급의학과, 피부과, 안과, 이비인후과, 재활의학과 등 적성에 따라 전공과목을 선택하는데 외과는 일반외과, 정형외과, 신경외과, 성형외과, 흉부외과로 나눠 전공의 과정을 따로 공부한다.

의학 공부를 어느 나라 의과대학에서 했느냐에 관계없이 의사면허를 얻은 뒤에는 일반적으로 다른 나라 의사면허시험에 응시할 수 있다. 즉 우리나라에서 공부한 뒤 외국에서 의사로 활동하는 것도 가능하다. 전공과목에 따라 차이가 있기는 하지만 임상의사는 그냥 두면 생명을 잃을 수도 있는 병에 걸린 사람의 생명을 구하거나 몸에 생긴 불편함을 덜어 주는 일을 하므로 아주 고귀한 직업이다. 생명을 구하는 일에 관심이 있다면 의과대학 진학을 고려해 보자.

진로 찾기 **간호사**

1853년 러시아는 터키 땅인 크림반도에서 전쟁을 일으켰다. 프랑스와 힘을 합쳐 러시아의 남하를 막으려던 영국군은 인류의 전쟁 역사상 처음으로 종군기자를 파견했다. 종군기자들은 많은 군인이 병에 걸려 죽어 간다는 소식을 전했다.

19세기 시작과 더불어 위생이 건강 유지와 전염병 예방에 중요하다는 사실이 알려지기 시작했지만 이때까지 전염병에 대해 믿을 만한 지식은 거의 없었다. 위생의 중요성을 인식하고 있던 플로렌스 나이팅게일은 빅토리아 여왕에게 여성들과 함께 전쟁터로 달려가겠다는 의사를 전했다. 이 전쟁 이전에도 여성이 전쟁터에서 군인을 돕기는 했으나 그 효과가 아주 작았기에 수천 킬로미터를 달려가야 하는 고난의 행로에 허락을 얻는 것이 쉽지 않았다. 그러는 사이에 군인들이 전투보다 질병으로 더 큰 피해를 입고 있다는 소식이 전해지자 나이팅게일이 이끄는 여성들은 전쟁터로 갈 수 있었다.

나이팅게일이 이스탄불의 위스퀴다르로 가서 야전병원장으로 활약하며 병원 위생 관리, 관리 시스템 개선, 관리 인력의 효율화 등을 위해 애쓰고 부상과 질병으로 고생하는 병사를 헌신적으로 돌보자 사망률이 크게 떨어지고, 전투력을 회복하는 병사가 눈에 띄게 늘어났다. 전쟁이 끝난 뒤 나이팅게일은 병원을 효율적으로 운영할 수 있는 개혁안을 건의했고 1860년에는 나이팅게일 간호사 양성소Nightingale Home를 창설했다. 의사만 활동하던 의료계에 새로운 직종이 등장한 순간이다.

오늘날 간호학을 공부한 학생은 간호사 일을 시작하기 직전 '나이팅게일 선서'를 하며, 국제 적십자에서 매년 우수한 간호사에게 수여하는 상의 이름 또한 '나이팅게일 상'이다.

간호사가 되려면 대학의 간호학과를 졸업한 뒤 자격시험에 합격해 면허증을 받아야 한다. 2000년부터는 보건복지부장관이 인증하는 13개 분야, 즉 가정, 감염 관리, 노인, 마취, 보건, 산업, 아동, 응급, 임상, 정신, 종양, 중환자, 호스피스에서 전문 간호사 제도가 시행되기 시작했다.

오늘날 간호사는 병원에서 근무하며 환자를 보살피는 일 외에도 보건소, 학교 등 여러 곳에서 다양한 일을 하고 있다.

진로 찾기 **법의학자와 법과학자**

화재 현장에서 시체가 발견되었다. 갑자기 발생한 화재를 피하지 못하고 질식해 사망한 것처럼 보였지만 뒤통수에는 둔기에 부딪힌 것으로 추정되는 상처가 있다. 둔기에 맞아 사망한 상태에서 화재가 일어났다면 타살이지만, 둔기에 맞고 비실거리는 상태에서 하필이면 그 순간에 발생한 화재로 질식사했다면 둔기로 때린 사람은 상해죄가 성립되어도 살인 혐의는 벗어날 수 있다. 타살인지 화재 때문에 일어난 사고사인지 누가, 어떻게 판단할까?

이러한 상황에서 시체를 부검해 사망 원인을 파악하는 학문을 법의학이라 한다. 법의학은 법률상 문제가 되는 의학적 내용을 밝혀내고 해결해 법 옹호를 돕는 학문이다. 법의학자는 법의학을 공부하고 이와 관련된 일과 연구에 종사하는 사람으로, 흔히 부검의로서 사망 원인을 규명하는 일을 한다.

전날까지 멀쩡하던 사람이 아침에 잠자리에서 일어나지 못하고 세상을 떠난 경우 사망 원인을 알아내려면 부검을 통해 인체 내부에 어떤 일이 발생해 어떻게 변화했는지를 관찰해야 한다. 부검은 사망 원인을 알아내기 위해 시체를 해부하고 검사하는 일을 가리킨다.

영화나 드라마에서 살인을 저지른 사람이 자신의 행위를 감추려고 자살이나 사고사로 위장하는 경우를 흔히 볼 수 있다. 수사관은 의심스런 정황을 발견하면 부검의를 불러 사망 원인을 알아내 달라고 한다.

16년이나 방영된 미국 드라마 <CSI>2000~2016 시리즈는 법의학을 일반인에게 알리는 데 큰 공헌을 했다. 이후로 뼈를 이용해 사건을 추리하는 <본즈Bones>2017를 비롯해 법의학을 주제로 한 드라마가 많이 제작되었다. 우리나라에서도 오늘날의 법의학을 다룬 <싸인>2011, 조선 시대를 배경으로 한 <별순검>2007~2010과 같은 드라마가 방영되면서 과학 수사에 대한 관심이 커졌다.

법의학은 주로 부검으로 사망 원인을 밝히는 학문이지만 과학이 발전하면서 부검 외에도 수사에 도움을 받을 수 있는 과학적 소견이 많이 알려졌고, 법의학보다 큰 범위에 속하는 법과학이 발전하기 시작했다. 법과학은 과학적인 관찰과 실험으로 수사와 재판에 필요한 지식이나 자료를 제공하는 학문이다. 자살하면서 남긴 유언장이 실제로 그 사람이 쓴 것인지 판정하는 문서 감정, 피가 튄 모양을 이용해 어느 정도의 높이에서 떨어졌는지를 확인하는 혈액학, 살인에 사용된 총알을 연구해 어느 방향에서 날아왔는지를 알아내는 탄도학이 여기에 해당한다. 이뿐만 아니라 오래된 시체가 누구의 것인지를 확인하기 위해 이의 배열을 확인하는 법치의학과 시체로부터 얻은 DNA를 이용해 신원을 확인하는 유전자 감식 등 오늘날 법과학은 다양한 분야에 걸쳐 나날이 발전하고 있다.

부검으로 사망 원인을 추적하는 법의학자는 의사면허가 없는 사람이 담당하기 어렵다. 하지만 법의학 외의 법과학 분야에서 전공과목에 따라 얼마든지 전문가로 자라날 기회를 가질 수 있다. 또한 국내 여러 대학에 과학 수사를 전문으로 공부하는 학과와 교육과정도 개설되어 있다.

2장

노^老

늦추거나 당기거나

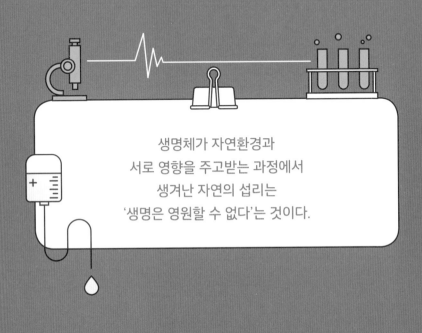

생명체가 자연환경과
서로 영향을 주고받는 과정에서
생겨난 자연의 섭리는
'생명은 영원할 수 없다'는 것이다.

성장과 노화란 무엇일까?

갓 태어난 아기는 직접 할 수 있는 일이 거의 없으므로 주위의 보살핌을 받아야 한다. 성인만큼 덩치가 커지고, 지식을 충분히 쌓고, 건강하게 자라나야 사회에서 어려움 없이 활동할 수 있다. 성장은 이렇게 아기가 성인으로 자라는 과정을 가리킨다.

  성인이 되어 물리적인 성장이 멈추고 나면 노화가 시작된다. 노화는 늙어 가는 과정을 가리키지만, 사실 사람은 태어나자마자 노화가 시작된다고 할 수도 있다. 성장도 노화의 일부분이기 때문이다. 노화가 발달을 포함하는 용어라는 점과 구분해, 생애 후반기에 신체 구조와 기능이 약화되는 현상을 가리키는 말로 '노쇠'를 쓰기도 한다. 여기서는 '나이가 들면서 나타나는 삶의 전체적인 변화로 성적 성숙이 끝난 시점에서 시작해 죽음으로 끝나는 과정'으로 노화를 정의하기로 한다.

이 세상에 태어난 아기가 성장하고 노화하는 과정은 어떻게 일어날까? 늙지 않고 오래 살 수는 없을까? 생로병사를 잘 이해하고, 바람직한 생활 습관을 유지한다면 인생을 즐겁고 행복하게 가꾸는 일이 한층 쉬워질 것이다.

나이에도 종류가 있다

나이는 매년 한 살씩 는다. 이때 한 살 더 먹는 날짜의 기준을 생일로 하느냐, 1월 1일로 하느냐에 따라 나이가 한 살 더 느는 날이 달라진다. 양력과 음력에 따라 달라지기도 한다. 처음 태어나 1년 간은 0세로 여기는 만 나이와, 태어나자마자 한 살로 계산하는 나이에도 차이가 있다. 그런데 이제부터 이야기하려는 나이의 종류는 더 복잡한 의미를 지니고 있다. 나이를 먹는다는 것은 뭔가가 달라지는 걸 뜻한다.

아기 손등의 피부를 손가락으로 살짝 잡은 뒤 놓으면 금세 제자리로 돌아가지만 노인의 피부를 같은 식으로 집으면 늘어난 피부가 몇 초에서 몇 십 초 정도 머물러 있다가 아주 천천히 제자리로 돌아간다. 이것은 피부의 탄력성이 달라서다. 피부가 탱탱하면, 즉 탄력성이 좋으면 1초도 되지 않아 제자리로 돌아가지만 탄력성이 떨어지면 제자리로 돌아가기까지 시간이 오래 걸린다.

피부의 탄력성은 결합조직의 기능에 달렸다. 결합조직은 동물에게서 조직 사이를 결합해 장기를 형성하며, 연골이나 뼈를 하나로 묶는다. 중요한 것은 동물의 연령에 따라 근육에 포함된 양이 달라진다는 것이다. 즉 나이가 들면 결합조직의 양이 줄어 피부의 탄력성이 떨어진다.

치아도 나이에 따라 차이가 많이 난다. 아기는 이를 가지지 않고 태어나지만 생후 1년쯤 지나면 아랫니가 나고 뒤이어 윗니가 난다. 위아래에 10개씩 모두 20개가 나지만 6세에 이르면 이가 빠지기 시작한다. 이를 유치라 한다. 유치는 가운데부터 점점 안쪽으로 가면서 빠져서 12세쯤 되면 모두 빠진다. 그러다 보니 초등학교 입학식 사진을 보면 어린이들의 앞니가 빠진 상태일 때가 많다.

유치가 빠진 다음 새로 난 이는 빠져도 다시 자라지 않으므로 영구치라 한다. 이가 새로 날 때는 위아래에 양쪽으로 7개씩 모두 28개가 나오고, 맨 안쪽에 있는 8번째 이는 나오거나 잇몸에 파묻혀 있기도 한다. 묻혀 있던 이가 잇몸 밖으로 나오는 일은 주로 사춘기를 지난 17세에서 25세 사이에 일어나는데, 쉽게 나올 수도 있지만 때로 심한 통증이 따라온다. 이성에 대한 관심이 커지는 시기에 첫사랑의 열병을 앓듯 나오는 이라 해서 사랑니라 한다.

이도 뼈와 마찬가지로 나이에 따라 모양과 성질이 달라지므로 수많은 이를 조사해 각 나이에 따른 평균적인 모양과 성질을 알아낼 수 있다. 이를 토대로 이의 나이와 실제 나이를 비교해 볼 수도 있다.

이렇듯 나이를 먹는다는 것은 몸에 여러 가지 변화가 생기는 것이다. 그 변화를 직접 경험하거나 나이에 따른 특징을 연구해 다양한 방법으로 사람의 나이를 비교할 수 있다.

성장의 다양한 의미

오랜만에 만난 친척 어른이 사춘기 청소년에게 '참 잘 컸다'고 칭찬한다면, 어떻게 받아들여야 할까? '잘 컸다'는 말은 키가 컸다는 의미도 있지만 사람 됨됨이가 훌륭하고 지혜롭다는 뜻도 담겨 있다. 지식, 운동, 마음가짐, 태도, 판단력, 새로운 일에 대한 관심 등 인생을 살아가는 데 필요한 지혜는 헤아릴 수 없을 만큼 다양하다.

하버드대학교 교육학 교수 하워드 가드너는 사람이 살아가는 데 필요한 지능으로 언어·인간 친화·자연 친화·논리 수학·신체 운동·자기 성찰·운동·공간 지능을 제시했다.

언어로 세상을 이해하는 능력인 언어 지능은 나이가 어릴 때에 높다. 그래서 모국어든 외국어든 어려서부터 배우기 시작하면 어렵지 않게 습득할 수 있지만 중년이 지나서 외국어를 배우려면 큰 어려움을 겪는다. 외국어 습득을 위한 성장이 거의 끝났기 때문이다.

춤을 특기로 하는 10대 아이돌 가수는 많은데 20대 중반을 넘은 댄스 가수는 왜 드물까? 춤 실력이 늘기 어려워서다. 기술적으로 유연한 자세를 취하는 것도 쉽지 않지만 춤을 추는 데는 힘이 많이 든다. 즉 체력 문제로 운동선수가 젊은 나이에 은퇴하는 것과 같다.

종목에 따라 다르기는 해도, 국가대표 운동선수를 보면 20대가 많다. 운동 능력이 이때가 최고이기 때문이다. 물론 30대에 들어선 구기 종목 선수도 볼 수 있다. 이는 사람의 몸에 대해 과학적인 연구를 계속하면서 몸을 잘 관리하는 방법을 알게 된 영향이 크다. 예를 들어 힘든 운동 직후에 과거에는 많이 하지 않던 마사지 등을 통해 근육을 풀어 줌으로써 선수 생활의 수명이 늘게 된 것이다. 또한 에너지 소모가 큰 종합격투기 선수가 30대에도 선수 생활을 이어 가는 경우가 많아지고 있는 이유는 몸 관리 방법이 좋아지는 것과 함께 격투기 기술을 익히기까지 시간이 많이 걸린다는 데 있다. 기술을 계속 익히면 경기력이 좋아질 텐데 배워야 할 기술이 늘어나니 신인 선수보다 경험 있는 선수가 경기력을 유지하기 쉬워져서 선수 수명이 길어지는 것이다.

한편 공부하는 직업을 가진 사람은 중년이 지나도 자신의 전공 분야에서 일하곤 한다. 나이가 들면 기억력을 비롯해 공부에 필요한 여러 기능이 감퇴하는데 어떻게 공부를 꾸준히 해야 하는 직업을 가질 수 있을까?

그 답은 공부할 분량이 워낙 많다는 데 있다. 나이가 들면 기억력이 떨어져 이미 알고 있는 내용을 잊어버릴 가능성이 높지만, 잊는 것보다 새로 받아들이는 게 많다면 지식의 총량은 점점 커진다. 따라서 공부를 열심히 하면 자신의 능력이 점점 향상되어 그 분야에서 계속 능력을 발휘할 수 있다. 그러나 나이가 더욱 많아져 새로 배우는 것보다 잊어버리는 속도가 빨라지면 계속 공부를 해도 지식의 양은 점점 줄어들고, 어느 순간에는 이미 공부한 내용 중 많은 것을 잊어버리게 되는 것이 세상의 섭리다.

늙지 않고 영원히 산다면

머리카락 색은 인종에 따라 차이가 있는데 우리나라 사람은 대개 검은색을 띤다. 그러나 중년이 지나면 흰머리가 하나둘씩 나기 시작해 나이가 들면 점점 더 흰색이 많아진다. 누가 먼저 흰색으로 바뀌는가 하는 차이가 있을 뿐이다. 색만 바뀌는 게 아니라 빠지기도 한다. 유전적으로 머리가 일찌감치 많이 빠지는 사람도 있기는 하지만, 누구나 나이가 들면 조금씩 머리가 빠진다.

사춘기 때는 아무리 먹어도 배불러하지 않다가 성인이 되면 이전만큼 많이 먹지 못하는 것도 자연스러운 변화다. 사춘기 때야 키가 자라는 데 필요한 영양소가 많아서 먹어야 할 음식도 많지만, 어느 정도 자라고 나면 필요한 영양소가 많지 않으므로 음식 섭취량도 줄어드는 것이다. 중년을 지나 장년, 노년으로 넘어

가면 음식 섭취량은 더욱 줄어든다. 몸에서 필요로 하는 양이 적어지기 때문이다.

사람의 수명은 계속 길어지고 있다. 그것은 사람의 건강 상태가 좋아졌음을 의미한다. 오늘날과 30년 전의 80세 노인을 비교하면 오늘날의 노인 세대가 훨씬 젊어 보이는데, 그것은 젊은이의 특징을 덜 잃었기 때문이다. 즉 젊음을 오래 유지하다 보니 나이가 많아졌을 때의 특징이 늦게 나타나서 수명이 길어지는 것이다. 같은 나이더라도 젊어 보이는 사람이 점점 늘어나고 있다면 영원히 젊어지게 할 수는 없을까?

노화가 일어나지 않는다면 세상을 떠나는 시기가 늦어지므로 지구는 사람으로 넘칠 것이다. 지금 지구에서는 사람이 주인처럼 살고 있지만 사실 사람은 지구상에 등장한 수많은 생명체 중 적응을 잘한 생명체일 뿐이다. 생명체가 어떻게 이 세상에 생겨나서 지금까지 생존하고 있는지, 얼마나 많은 종류가 사라졌는지 과학적으로 상세하게 설명하는 것은 불가능하다. 분명한 것은 이 세상에 생겨난 생명체는 영원히 생존할 수 없고, 자손에게 자리를 물려주고 사라져야 한다는 점이다. 생명체가 직접 선택한 것은 아니지만 자연환경과 서로 영향을 주고받는 과정에서 생겨난 자연의 섭리는 '생명은 영원할 수 없다'는 것이다.

나이가 들면 신체에 변화가 생기는 것은 아주 자연스러운 일이다. 의학자는 이 과정을 꾸준히 연구해 왔고, 지금은 주름살을 줄이는 방법과 건강을 오래 유지해 수명을 늘이는 방법 등을 전보다 더 깊이 이해하게 되었다. 그러나 노화를 늦출 수는 있어도 노화를 멈추기란 불가능하다.

사람이 늙지 않고 영원히 산다면 지구는 곧 더 이상 살 수 없는 곳이 될 것이고, 전쟁 등 여러 이유로 인류는 금방 도태되고 말 것이다. 노화는 생명체가 존속하기 위한, 피할 수 없는 선택이다.

성장을 나타내는 키

아기가 태어나 자라나는 과정은 보는 이에게 큰 기쁨을 안겨 준다. 아장아장 걷는 아기를 보면 기분이 좋아지고, 처음 보는 아기라도 웃음을 띤 얼굴을 보면 괜히 웃음이 나면서 귀엽고 사랑스런 느낌이 든다.

아기가 얼마나 자랐는지 살펴볼 때, 가장 먼저 눈길이 가는 것은 키다. 물론 체중계를 사다 놓고 몸무게도 살피지만, 그보다 키가 성장의 지표로 가장 널리 이용된다.

키는 왜 자랄까? 키가 자라지 않는 데는 특별한 이유가 있을까? 그럼 키를 크게 만들 방법은 없을까?

키는 얼마나 자랄까?

키가 자라는 것은 사람의 몸을 이루는 세포 수가 많아져서 일어나는 현상이자 뼈가 점점 더 굵고 길어지면서 생기는 일이다. 뼈의 성질은 나이에 따라 달라지는데, 성인의 뼈는 어린이의 뼈보다 강해서 똑같이 넘어져도 성인보다 어린이의 뼈가 부러지기 쉽다. 뼈가 강하다는 것은 뼈가 더 치밀해 밀도가 높다는 뜻이다. 성인이라도 뼈를 치밀하게 하는 칼슘이 부족하면 뼈가 약해지고, 심하면 뼈에 구멍이 생기는 골격계 질환인 골다공증이 일어난다. 이렇게 뼈가 약해지면 작은 충격에도 부러지고 손상을 입기 쉽다. 이를 막으려면 젊을 때부터 칼슘을 적절히 섭취하고 뼈를 튼튼하게 하는 운동을 꾸준히 해야 한다.

맨눈으로는 뼈를 볼 수 없고 엑스선 사진을 찍어야 볼 수 있다. 비중이 클수록 엑스선을 잘 흡수하므로 뼈가 희게 보이면 치밀하고 밀도가 높은 것이며, 뼈가 검게 보일수록 치밀하지 못하고 약해 손상받기 쉬움을 의미한다. 수많은 사진을 판독하면 나이에 따라 일반적으로 보이는 뼈의 모습을 알아낼 수 있다. 때문에 뼈를 보고 나이를 가늠할 수 있는데, 이를 뼈 나이라 한다. 뼈 나이가 실제 나이보다 젊어 보이면 상대적으로 뼈가 건강한 상태다.

뼈 나이는 키와 매우 밀접하다. 예를 들어 10세 어린이의 뼈가 12세 어린이와 비슷하다면 당장은 키가 커도 성인이 되었을 때 키가 크지 않을 가능성이 크다. 반대로 12세 어린이의 뼈가 10세 어린이와 비슷하다면 다른 친구보다 늦게 키가 자랄 가능성이 크다.

한창 크는 사춘기 때, 불의의 사고로 다리뼈가 부러졌는데 하필 그 부위가 성장판이면 어떻게 될까?

길쭉하게 생긴 뼈를 살펴보면, 뼈끝이 뼈 중간 부분보다는 더 튀어나와 있다. 뼈가 자랄 때 뼈세포가 마구 증가하는 곳이다. 뼈의 다른 부위보다 이 부분에 뼈세포 수가 왕성하게 늘어나서 뼈가 자라는 것이다. 이 부위를 성장판이라 한다. 어린이의 뼈가 부러졌을 때 성장판이 손상을 입으면 뼈가 자라지 못하기 때문에 빨리 치료해야 한다. 다행히 성장판이 아니라면 치료가 약간 늦어져도 뼈가 자라는 데는 문제가 없다. 혹시라도 치료가 늦어져 한쪽 다리가 자라는 동안 다친 다리가 자라지 않아서 양쪽 다리뼈의 길이가 달라진다고 생각할 수 있겠지만, 걱정할 필요는 없다. 다리 길이가 달라서 불편을 겪을 상황이 되면 정형외과 의사가 어떻게 해서든 다리 길이가 같아지도록 도와줄 것이다.

사춘기가 지나면 키는 더 이상 자라지 않는다. 성장판이 닫힌다는 의미다. 성장기에 뼈 사진을 찍어 보면 성장판의 몸통 부분과 머리 부분이 만나는 위치에 검은 선이 보인다. 시간이 흘러 이 부분이 흰색으로 바뀌면 성장판이 닫힌 것이다.

키 결정에 가장 중요한 것은 다리뼈의 길이지만 성장판 사진을 찍을 때는 일반적으로 왼손의 뼈를 보고 판단한다. 성장판을 포함해 뼈 중심부와 전체적인 크기, 모양, 밀도, 융합 정도를 봐야 하므로 엑스선 사진을 이용한다. 예전에는 골반이나 무릎뼈가 뼈의 발달 정도를 확인하기 좋아서 많이 봤으나 오늘날에는 주로 손과 손목의 뼈를 본다. 촬영하기 쉽고, 다른 뼈와 비교해도 정확도가 떨어지지 않기 때문이다.

키를 자라게 하는 물질, 성장호르몬

세포가 많아지려면 세포가 분열을 잘해야 하며, 세포가 분열을 잘하려면 DNA와 단백질이 잘 만들어져야 한다. 세상에 공짜는 없으므로 DNA와 단백질을 합성하기 위해서는 재료로 쓸 수 있는 DNA 조각과 단백질의 기본 단위가 되는 아미노산이 충분히 공급되어야 하며, 이를 위해서는 음식을 잘 먹어야 한다.

우리 몸의 한 부분에서 분비되어 혈액을 타고 표적기관으로 이동해 아주 중요한 기능을 수행하는 화학물질을 호르몬이라 한다. 호르몬 중에서 키를 자라게 하는 데 가장 큰 몫을 하는 것은 뇌하수체앞엽에서 분비되는 성장호르몬이다.

뇌하수체

뇌의 가운데에 위치하는 내분비기관으로 시상하부의 지배를 받아 중요한 여러 호르몬을 분비한다. 앞엽, 중간엽, 뒤엽으로 구분한다.

호르몬은 단백질 또는 지질을 재료로 하는데, 성장호르몬은 단백질을 섭취했을 때 분해되어 생겨나는 아미노산을 재료로 만들어진다.

즉 키가 자라게 하는 세포분열과 성장호르몬 생산에 모두 아미노산이 필요하다. 성장호르몬은 송과선척추동물의 간뇌 뒤쪽으로 돌출되어 있는 내분비샘에서 분비되는 호르몬인 멜라토닌의 영향을 받아 밤 10시에서 새벽 2시 사이에 가장 많이 나온다. 그러므로 성장호르몬이 기능을 잘 발휘하도록 이 시간에 잠을 자는 것이 좋다. 이뿐만 아니라 잠에 깊이 들어야 성장호르몬 분비가 원활하다.

성장호르몬의 주된 기능은 단백질 합성 속도를 빠르게 해 세포의 성장과 복제를 촉진하는 것이다. 거의 모든 세포가 반응하지만 특히 골격근세포와 연골세포가 성장호르몬에 잘 반응한다. 성장호르몬의 자극을 받은 줄기세포는 분열과 분화를 잘하게 되어 성장이 촉진된다. 결과적으로 키를 결정하는 데는 성장호르몬의 분비가 가장 중요하다.

성장호르몬은 사람의 몸에서 에너지가 대사되는 과정, 스트레스, 아르기닌과 인슐린, 코르티솔의 존재 여부 등에 영향을 받지만 이를 이용해 성장을 조절하기보다 적절한 운동이나 잠자는 시간 조절과 같은 일상적 활동으로 성장호르몬 분비를 유도하는 편이 좋다.

그런데 다른 사람보다 성장호르몬 분비가 적거나, 키가 작아질 가능성이 큰 만성질환이 있으면 어떻게 해야 할까? 호르몬 분비 이상으로 키가 작을 것으로 예상될 때에는? 이러한 경우에는 성장호르몬 투여를 고려할 수 있다.

성장호르몬은 생산이 어려워서 다른 호르몬과 비교하면 가격이 꽤 비싼 편이다. 다행히 어떤 이유로 투여하느냐에 따라 보험 적용을 받을 수 있고, 가격도 전보다 낮아져 사용하기가 쉬워졌다. 그러나 키를 크게 하겠다는 욕심에서 사춘기가 지나고도 투여할 경우에는 말단비대증이 생길 수도 있으니 주의해야 한다. 물론 이런 목적이라면 의사가 허락하지도 않는다.

사람의 몸은 아주 정밀한 기계와 비슷하므로 무엇이든 적당한 양이 중요하다는 점을 기억하자.

유전자 재조합으로 만드는 성장호르몬

1967년에 DNA 조각 2개를 연결할 수 있는 DNA 연결효소가 발견되었고,[7] 1970년에 DNA의 위치를 인식해 자를 수 있는 제2형 제한효소가 발견되었다.[8] DNA 연결효소는 DNA 2개의 끝이 잘 맞아야 연결할 수 있는데, 서로 다른 곳에서 얻은 DNA를 같은 제한효소로 처리하면 끝이 서로 맞는 모양을 이루게 되므로 이 세상에 없는 DNA를 얻는 것이 가능해진다.

1973년에 스탠리 코언과 허버트 보이어는 서로 다른 유기체로부터 얻은 DNA를 연결하고자 했다. 이들이 선택한 재료는 혈당을 조절하는 인슐린이었다. 사람에게서 얻은 인슐린 유전자를 제한효소로 절단한 다음 같은 제한효소로 절단한 대장균의 DNA에 연결시켜 대장균에 넣어 주면 대장균이 사람의 유전자로부터 얻은 정보를 이용해 인슐린을 빠르고 정확하게 만들어 낼 거라는 게 이들의 생각이었다.

원래는 존재하지 않는 DNA 조각을 자르고 붙여서 새로운 DNA를 만들어 내는 기술을 재조합이라 한다. 대장균은 염색체 DNA와 흔히 플라스미드plasmid라 하는 비염색체 DNA를 지닌다. 크기가 너무 커서 위치 확인이 어려운 염색체 DNA보다 작고 다루기 쉬운 비염색체 DNA가 실험하기에는 편리하므로 여기에 인슐린 유전자를 삽입하려 했다.

대장균에서 플라스미드를 분리해 인슐린 유전자의 앞뒤를 자를 때와 같은 제한효소로 처리하자 DNA의 끝이 서로 잘 연결될 수 있는 모양을 갖게 되었다. 플라스미드 DNA를 제한효소로 자르면 둥근 모양의 플라스미드가 선 모양이 되는데 DNA 연결효소와 인슐린 유전자를 함께 넣어 주면 DNA 연결효소는 플라스미드 DNA와 인슐린 유전자를 연결하게 된다. 이렇게 재조합으로 얻은 DNA를 대장균에 넣어 주면 대장균은 인슐린 단백질을 만들게 된다. 대장균은 적절한 환경을 유지해 주면 20분마다 분열하므로 하룻밤만 배지에서 키우면 아무리 큰 배지를 사용하더라도 포화 상태로 자라고, 동시에 사람 인슐린 단백질도 많이 만들 수 있다. 이것이 인류가 유전자 재조합을 이용해 처음으로 찾아낸 약이다.

성장호르몬도 인슐린처럼 유전자 재조합으로 만든다. 성장호

> **역전사효소**
>
> 생물체는 일반적으로 DNA를 가지고 있고, 이를 이용해 유전정보를 전달하는 mRNA를 형성한다. 이를 전사라 한다. 레트로바이러스는 DNA를 가지고 있지 않으므로 자신이 가진 RNA를 주형틀로 사용해 RNA 서열에 상보적인 DNA 가닥을 만들어 숙주세포에 유전정보를 전해 준다. 이를 담당하는 효소를 역전사효소라 한다.

르몬 단백질에 대한 유전정보를 전달하는 mRNA를 분리하고 이를 재료로 역전사효소를 이용해 cDNA^{역전사효}소에 의해 mRNA로부터 합성된 DNA. 유전체 DNA에는 들어 있는 인트론 서열이 없는 것이 특징이다를 합성한 뒤 이를 대장균에 집어넣으면 대장균이 이를 이용해 성장호르몬을 만드는 것이다. 유전자 재조합으로 얻은 DNA를 대장균에 넣어서 단백질을 생산하게 하는 방법이 개발되기 전에는 성장호르몬을 동물에게서 얻어 썼기에 분리 비용이 많이 들고 동물이 가진 미생물이 사람에게 전파될 위험이 있었다. 그러나 대장균은 이미 연구가 많이 되어서 다루기 쉽고 생산 능력이 아주 뛰어나 오늘날에는 유전자 재조합을 이용한 신약 개발이 많이 이뤄지고 있다.

노화와 생리현상의 변화

정도의 차이는 있지만 나이가 들면 사람의 성격과 몸의 기능이 달라진다. 호르몬 분비에도 변화가 생긴다. 남성은 40대부터 남성호르몬인 테스토스테론과 안드로젠이 감소하고, 여성은 폐경기를 지나면 에스트로젠과 프로게스테론 같은 여성호르몬 분비가 줄어든다.

이러한 변화를 포함해 '노화'는 생명체가 피할 수 없이 거쳐야 하는 과정이다. 하지만 많은 사람이 할 수 있다면 노화를 막고 젊음을 유지하고 싶어 한다.

노화는 왜, 어떻게 일어날까? 이에 현명하게 대처하는 방법은 무엇일까?

노화는 건강 상태가 나빠지는 과정

수명은 생명체가 얼마나 살 수 있는지를 나타내고, 사람의 평균 수명은 갓난아이가 얼마나 살 수 있는지를 가리킨다. 우리나라 사람의 평균수명은 지난 50년간 20세 이상 증가했을 만큼 빠르게 길어졌다. 수명이 길어지는 것이 과연 마냥 좋은 일일까?

인간의 존엄성을 생각한다면 '그렇다'고 할 수 있다. 그런데 건강이 따라오지 않은 상태로 수명이 길어지는 것은 바람직하다고만 말하기 어렵다. 극단적이긴 하지만 예를 들어 보자. 식물인간 상태로 10년을 살다가, 자신을 돌보느라 고생한 가족에게 말 한마디 하지 못하고 세상을 떠난다면? 이러한 상황을 생각해 보면 중요한 것은 그저 오래 사는 게 아니라 삶의 질을 높은 수준으로 유지하고 건강 수명이 늘어나는 것이다.

건강 수명은 전체 수명 중 질병 없이 건강하게 산 기간을 가리킨다. 2017년의 통계를 보면 우리나라 남성은 평균 79.7세, 여성은 평균 85.7세를 살았다. 즉 남녀를 합해 평균 82.8세를 살았다. 하지만 2016년의 건강 수명을 살펴보니 전체 인생 중 평균 9.4년을 건강하지 못한 상태로 보냈다.^{2017년에는 발표되지 않았다.} 수명은 늘어나는데 건강 수명은 그만큼 늘지 않으니 병원 신세를 지는 시간이 많아진 것이다. 2017년 건강보험통계연보에 따르면 65세 이상 노인의 진료비는 28조 3,247억 원으로 전년보다 12.1퍼센트 증가했다. 노인 인구는 전체 인구의 13.4퍼센트인데 노인 진료비는 40.9퍼센트에 이르는 걸 보면 노인의 건강 문제가 점점 심각해지고 있음을 알 수 있다.

노화의 특징은 신체 구조와 기능이 차차 나빠지는 것이다. 개인의 의지로 이를 막을 수 없다. 그러나 치매가 노인에게 많이 발생한다고 해서 치매가 노화의 원인은 아니다. 사람마다 유전형질이 다양하고, 살아온 환경과 경험이 다르기에 신체 구조와 기능의 변화가 나타나는 정도는 각각 다르지만 일반적으로 노화라 하면 모든 사람에게서 나타나는 현상을 의미한다.

그런데 오묘하기 이를 데 없는 생명현상은 나이들수록 생리기능이 감퇴해 건강 상태가 점점 나빠지는 것만은 아님을 보여준다. 초고령 집단에서 사망률이 감소하고 노화가 지연되어 더 건강한 모습을 보이는 경우가 발견되곤 하는 것이다. 이를 설명하자면, 사람의 몸이 노화를 일으키는 현상에 수십 년간 대응하면서 건강을 지킬 만큼 좋은 몸 상태를 유지했다고 말할 수 있다.

노화가 일어나면 무엇이 달라질까?

사람의 몸은 아주 복잡해서 한마디로 설명하기 어렵다. 따라서 계통으로 구분하곤 한다.

소화계는 성장이 활발한 청소년기에 기능이 제일 좋고 중년이 지나면 활동력이 떨어진다. 하지만 중년에도 맛있는 음식을 보면 먹고 싶은 충동을 억누르기 어려워 과식을 하는 경우가 많을 수 있다. 여기서 과식이란 필요보다 많이 먹는다는 뜻일 뿐 청소년기보다 잘 먹는다는 뜻은 아니다. 청소년기에는 먹은 음식이 주로 키를 크게 하지만 성인이 되면 키가 더 이상 크지 않으니 식사량을 줄이는 게 바람직하다.

노화가 일어나면 음식 섭취가 줄어드는 것은 당연하다. 쓰는 에너지가 줄어들기 때문이다. 물론 몸에서 필요로 하는 영양소가 줄어도 영양소를 고루 섭취하는 건 중요하다. 그러나 음식 섭취가 줄면 전체적인 영양소 공급도 적어지기에 특정 영양소가 부족해질 가능성이 있고, 칼슘이 부족해 골다공증이 생기는 등 몸의 기능이 나빠질 수 있다.

고혈압은 혈압이 정상보다 높은 상태를 가리킨다. 혈압은 피가 혈관에 미치는 압력이므로 같은 양의 피가 흐른다고 가정할 때 혈관이 좁을수록 혈압이 높아진다. 혈관이 좁아지는 이유는 혈관의 탄력성이 떨어지거나 혈관 안에 뭔가가 끼어서다. 핏속에는 아주 다양한 물질이 녹아 있는데 물에 잘 녹지 않는 지질은 혈관을 떠돌다 혈관벽에 붙곤 한다. 이런 현상이 계속되면 동맥의 혈관에 탄력성이 부족해지는 동맥경화증이 발생할 수 있고, 혈압이 높아진다. 나이가 들면 앞에서 소개한 두 가지 현상이 모두 나타나므로 혈압이 조금씩 높아져 간다. 따라서 고혈압에 따른 2차 합병증이 발생할 가능성도 커진다.

10대를 지나 20대에는 인생에서 뭘 할지 구체적인 목표를 세우고 한 걸음씩 도전해 나간다. 그중에서도 고시에 도전하는 경우가 많은데, 여러 차례 도전해도 성공하지 못한 채 30대 중반으로 들어서면 합격 가능성은 점점 낮아진다. 적성에 맞지 않아 그럴 수도 있지만 뇌 기능이 점점 떨어지기 때문이다.

중년이 넘어가면 대화하다가 대명사를 사용하는 빈도가 잦아지고 정확한 단어를 쓰려고 해도 생각이 날듯하면서 입안에서만 맴돌곤 하는데, 마찬가지로 노화 현상이다. 술을 많이 마신 뒤 일어난 일을 기억하지 못하는 것은 뇌세포가 죽어 가기 때문인데 뇌세포는 인체의 다른 세포와 다르게 재생이 안 되므로 알코올은 노화를 촉진하는 셈이다.

이뿐만 아니라 노화는 지구력, 순발력, 근력 등을 포함해 모든 힘을 약하게 만든다. 근골격계는 계속해서 적당히 쓰지 않으면 운동 능력이 확 떨어지므로 아무 문제 없이 할 수 있던 동작을 어느 순간부터 하지 못하는 일도 생긴다. 게다가 평소에 운동을 꾸준히 하지 않으면 노화에 따른 힘의 약화와 운동 능력 감퇴가 두드러진다. 건강한 노인이 되려면 지금부터 부지런히 운동해서 건강을 유지하는 것이 좋다.

시력은 처음 태어났을 때보다 초등학교 들어갈 무렵이 더 좋지만 청소년기까지 유지되던 시력은 나이가 들면 서서히 떨어진다. 안경을 끼지 않으면 가까이에 올 때까지 친구도 알아보지 못해 오해를 사기도 한다. 이와 함께 청력도 떨어진다. 텔레비전을 볼 때 소리를 크게 키우는 정도를 넘어 보청기를 끼지 않고는 소리를 질러야 의사소통이 가능해지는 경우도 생긴다. 보청기를 쓰면 듣고 싶은 소리 외의 다른 소리도 크게 들리고, 귀에 이물질을 대는 불편을 감수해야 한다.

노화를 늦추고 수명을 늘릴 수는 있을까? 한 알의 약으로 가능하다면 좋겠지만 노화 현상을 늦출 방법은 다음 두 가지다. 적절한 운동과 음식을 적게 먹는 것. 식사량을 줄이는 것은 성장이 완전히 끝난 뒤부터 시작하면 된다. 성인이 되어서도 '다이어트는 내일부터', '먹다 죽은 귀신이 때깔도 곱다'고 말하는 것은 노화를 기꺼이 받아들이겠다는 뜻이다.

노화는 왜 일어날까?

현대의학은 의학자도 따라가기 힘들 만큼 발전을 거듭하고 있다. 이는 아직도 모르는 게 많다는 의미다. 지칠 줄 모르고 끊임없는 도전을 즐기는 인류는 지금도 세계 곳곳에서 노화에 대한 연구를 계속하고 있다.

태어나 성장하고 세상을 떠나기까지의 과정은 탄생 때부터 프로그램으로 설정되어 있는 현상일까? 아니면 각 시기에 마주치는 수많은 일과 얽혀 어쩔 수 없이 일어나는 현상일까?

아직은 노화에 대한 이해가 부족하므로 위 질문에 답하기 어렵다. 지금까지 연구 결과를 종합하면 두 가지 이론에 합당한 연구 결과가 모두 제시되어 있기 때문이다.

이론적으로 사람이 아무 병에 걸리지 않는다 해도 영원히 살 수는 없다. 세포는 영원히 살 수 없고 30회 정도 분열하고 나면 제 스스로 죽는다. 따라서 생존을 지속하려면 세포가 계속 새로 생겨야 한다. 세포가 생겨나려면 세포가 가진 DNA가 두 배로 복제된 뒤 반씩 나뉘어 분열해야 한다. DNA가 복제되는 과정은 100퍼센트 정확한 것이 아니라서 0.1퍼센트의 빈도로 잘못 복제되는 경우가 생긴다. 그러므로 사람이 영원히 살다 보면 언젠가는 암을 일으키는 유전자의 어딘가에 복제가 잘못되어 암이 발생해 죽을 것이다. 이것은 하나의 예일 뿐이고, 노화를 공부하다 보면 생명체가 영원히 살 수 없는 이유를 얼마든지 발견할 수 있다.

노화를 설명하는 생물학적 원인에는 여러 가지가 있다. 가장 많이 이야기하는 노화의 원인은 활성산소다. 사람이 숨을 쉴 때 폐로 들어온 산소는 음식을 통해 들어온 영양소와 함께 세포 내 미토콘드리아에서 에너지를 생산하는 데 사용된다. 모든 산소가 이렇게 소모되면 아무 일이 없겠지만 이 과정에서 전체 산소의 약 5퍼센트가 몸에 좋지 않은 여분의 산소인 활성산소를 만든다. 에너지는 사람의 몸에 항상 필요하므로 에너지가 만들어지는 과정에서 활성산소가 생기는 것을 막을 수는 없다. 인체는 활성산소를 처리하기 위한 기전도 발전시켜 왔으므로 활성산소가 조금 발생하는 것은 문제가 되지 않는다. 그러나 활성산소가 너무 많으면 DNA와 세포, 조직을 공격하고 비정상적인 단백질을 만들어 내며 세포막을 파괴하는 등 노화와 질병을 일으킨다.

활성산소 발생을 줄이는 가장 좋은 방법은 식사량을 줄이는 것이다. 그러면 에너지 생산이 줄어서 활성산소가 덜 만들어진다. 동물실험에서 얻은 결과는 음식을 적게 먹은 동물은 나이가 들어도 혈관 모양이 어린 동물과 비슷하다는 것이다. 그렇다고 해서 안 먹고 어떻게 사냐고 묻는다면, 엉뚱한 질문이다. 먹지 말라는 게 아니라 현대인은 필요보다 훨씬 많이 먹고 있으니 필요한 만큼만 먹고 멈추라는 뜻이다.

사람의 몸이 가진 활성산소 처리 방법은 해가 없는 물질로 대사하는 것이다. 이때 필요한 항산화 효소는 신선한 채소와 과일을 먹어야 기능을 잘 발휘한다.

한 가지 강조하고 싶은 것은 사람의 몸은 아무리 연구해도 모든 걸 알기 어려울 만큼 아주 복잡하므로 이분법으로 판단해서는 곤란하다는 점이다. 노화에 가장 중요한 것이 활성산소라 했지만 활성산소는 몸에 이로운 기능도 있다. 그래서 일부 학자는 활성산소를 억제하는 것이 수명을 연장할 수 있다는 이론에 반대하기도 한다. 이처럼 아무리 연구를 많이 해도 생명현상에는 아직 정확히 알기 어려운 것이 많다. 그 답은 미래 세대가 밝혀 나가리라 기대한다.

여기서는 활성산소만 예를 들었지만 그 외에도 노화가 일어나는 기전에는 유전형질의 변화와 세포 자체의 노화, 미토콘드리아 기능 이상, 단백질 기능 변화, 영양소 감지 이상, 줄기세포 고갈, 텔로미어가 짧아지는 것 등이 있다.

텔로미어와 줄기세포

몸이 정상적인 기능을 하지 못하면 병이 생긴다. 인체가 워낙 복잡하다 보니 어디 한군데만 고장 나도 병이 생길 수 있다. 그래서 인류는 병이 생길 가능성을 줄이기 위한 방어 능력을 갖춰 왔고, 이를 면역이라 한다.

면역 기능은 무엇이 침입하느냐에 따라 기능을 발휘하는 특이 면역과 침입자가 무엇인가에 관계없이 반응하는 비특이 면역으로 구분할 수 있다. 노화가 진행되면 몸의 방어 능력이 떨어진다. 대표적인 예가 피부와 점막에 손상이 생기는 것이다. 피부는 미생물이나 특수한 물질처럼 외부로부터 다가오는 침입자를 막아 주는데, 나이가 들면 피부에 손상이 잦아진다. 점액을 배출해 미생물을 죽이고 섬모운동을 통해 침입자를 쫓아내는 점막도 제대로 기능을 못 하게 된다.

그러다 보니 노인은 병에 걸릴 가능성이 많고 다른 생리 기능도 저하되어 있으므로 두 가지 이상의 병이 두 가지 이상의 장기에 한꺼번에 일어나는 경우가 많다. 젊었을 때와는 다른 형태로 병이 발현해 의사의 진단을 어렵게 만들기도 한다. 게다가 노인의 병은 젊은이의 병보다 고치기도 어렵다. 노화 때문에 일어나는 병을 해결할 방법은 없을까?

유전체는 후천적으로 변화할 수 있다

유전이란 부모가 가진 형질을 자녀에게 물려주는 것이다. 이때 부모는 각각 반씩 유전형질을 물려주므로 자녀를 보면 부모를 닮았다는 느낌이 든다.

사람을 구성하는 탄수화물, 지질, 단백질, 핵산DNA와 RNA, 물, 무기염류 중에서 가장 다양한 기능을 하면서 사람으로서의 특징을 갖게 하는 것은 단백질이다. 그래서 유전에 대한 개념을 알게 된 20세기 초에는 단백질이 유전을 담당하는 물질이라 생각했다. 그러나 1944년에 오즈월드 에이버리, 1952년에 앨프리드 허시가 DNA가 유전물질이라는 것을 증명했다. 그리고 DNA가 뭉쳐진 덩어리가 염색체이며, 사람은 염색체 23쌍을 가졌다는 것이 알려졌다.

DNA는 핵 속에 들어 있으며, 핵을 가진 사람의 모든 세포에는 같은 DNA가 들어 있다. 세포 하나에 들어 있는 DNA의 총합을 유전체라 하며, 사람의 유전체는 약 30억 쌍의 DNA로 구성된다.

DNA는 유전정보를 가지고 있을 뿐이다. 이 정보는 RNA를 통해 핵으로부터 세포질에 있는 리보솜으로 전달되고, 리보솜은 이 정보를 받아서 단백질을 합성한다. 부모와 자녀가 닮은 것은 자녀가 부모로부터 물려받은 유전체를 이용해 부모가 가진 것과 같거나 유사한 단백질을 합성하고, 이 단백질이 몸의 구조를 이루고 기능하기 때문이다.

사람의 몸에서 일어나는 기능은 대개 단백질로 결정되며, 이 단백질은 유전자로부터 만들어진다. 유전자는 염색체를 이루며 길게 연결된 DNA 중 단백질 하나에 대한 정보를 가진 일부 조각을 가리킨다. 사람이 가진 약 30억 쌍의 DNA는 유전자 약 2만 2,000개를 포함하고 있고, 23쌍의 염색체에 들어 있다. DNA 중 단백질 합성 능력을 가진 유전자는 전체의 3퍼센트가량이며, 나머지는 기능이 불확실하다.

DNA에 손상이 생기면 제 기능을 할 단백질이 합성되지 않는다. 따라서 생사를 좌우할 만한 단백질이 제대로 합성되지 않으면 치명적인 위협을 받게 된다. 세포가 분열하려면 DNA를 복제해야 하며, 이 과정에서 DNA가 잘못 합성되는 경우가 많다. 또 DNA는 아주 단순한 형태를 하고 있으므로 물리적·화학적·생물학적 자극에 손상받기 쉽다. 사람의 세포는 DNA에 손상이 생기면 여러 방법으로 이를 정상으로 고치는 능력을 가지고 있다. 노화 과정에서 꾸준히 일어나는 DNA 손상을 모두 정상으로 되돌리지는 못하므로 유전체의 불안정성이 커진다. 에너지 생산에 필요한 여러 단백질을 합성해야 하는 미토콘드리아는 단백질의 정보를 지닌 유전자를 가지고 있다. 미토콘드리아 DNA도 손상을 받으면 에너지 생산을 못 하고, 이러한 유전체의 불안정성은 노화를 더욱 빠르게 한다.

프랑스의 장 바티스트 라마르크는 찰스 다윈보다 먼저 진화이론의 하나라 할 수 있는 용불용성 즉, 생물에는 환경에 대한 적응력이 있어 자주 사용하는 기관은 발달하고 그렇지 않은 기관은 퇴화한다고 주장했다. 이 이론은 '획득형질생물이 출생 뒤 후천적인 환경 요인과 훈련으로 얻은 기능이나 구조는 유전되지 않는다'는 이론이 받아들여지면서 잘못된 이론으로 취급받았다.

그러나 20세기 말부터 유전학이 엄청나게 발전하면서 생명체가 태어날 때부터 가지고 있는 유전체는 후천적으로 변화할 수 있다는 사실이 알려졌다. 더불어 유전적 돌연변이가 비가역적이고 후손에게 유전되는 것과 비교해 유전체에 메틸기CH_3-가 붙는 것과 같은 작은 변화는 가역 반응이면서 그대로 두면 후손에게 전해질 수 있다는 사실도 알려졌다. 후천적으로 유전체에 생기는 변화는 노화의 원인이 되기도 한다.

텔로미어가 길어지면 오래 살 수 있다

텔로미어telomere는 그리스어로 끝을 의미하는 '텔로스'와 부분을 의미하는 '미어'가 합쳐져 만들어진 용어다. 끝부분을 가리키며, 진핵세포의 염색체 말단에 위치해 있다. 염색체를 구성하는 DNA는 4개의 염기가 무작위로 배열되어 있는데 텔로미어는 특징적으로 T, T, A, G, G, G가 반복되는 염기서열을 지니고 있다.

진핵세포의 염색체는 DNA가 선 모양으로 길게 늘어서 있으며, 이 DNA가 복제될 때 복제를 담당하는 단백질인 DNA 중합

▶ 텔로미어 ◀

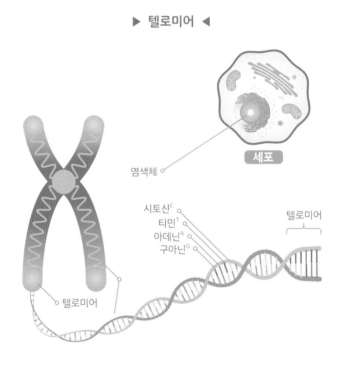

효소는 이중나선 모양의 DNA에 달라붙어서 DNA를 벌린 다음 한 가닥씩을 이용해 반대 방향으로 다른 한 가닥을 합성해 간다. 이 과정에서 DNA 중합효소는 반응의 시작 지점을 정해 주는 부위를 제대로 복제하지 못하므로 DNA 합성이 거듭될 때마다 이렇게 복제가 되지 않는 부위만큼 텔로미어는 짧아진다. 텔로미어의 길이가 줄어들지 않고 유지되려면 이 부위를 합성할 수 있는 텔로메라아제telomerase라는 효소가 필요하다. 정상적인 사람의 체세포는 이 효소를 만들지 못한다. DNA 합성이 계속될 때마다 텔로미어 길이가 짧아지고, 일정한 횟수를 넘기면 세포는 더 이상 분열을 못 하게 되는데 이를 복제 노화replicative senescence, 복제를 할 수 없을 만큼 노쇠했다는 뜻라 한다.

정자와 난자가 만나 수정란을 이룬 뒤 배아 상태에서 세포가 분열하면서 숫자가 늘어날 때 이 생식세포는 텔로메라아제를 합성할 수 있으므로 세포가 계속 분열하는 중에도 텔로미어의 길이를 일정하게 유지할 수 있다. 텔로미어의 끝부분은 모자cap라 이름 붙은 구조물이 있어서 텔로미어를 보호하고 있다. 텔로미어가 손상되거나 모자 구조에 이상이 생기면 세포가 보유하고 있는 DNA 수선 기전을 작동해 손상을 수리한다. 텔로미어가 짧아지거나 손상을 입는다는 것은 유전체 불안정성이 증가하는 현상이다.

텔로미어의 길이가 줄어드는 것은 수명이 짧아지는 것과 노화와 밀접한 관련이 있다. 텔로미어의 길이가 짧아진다는 것은

DNA가 짧아지고, 그렇게 되면 인체에서 필요로 하는 단백질을 합성할 수 있는 유전자 부분이 없어지므로 세포가 분열을 끝없이 계속하면 언젠가는 모든 유전자가 다 사라질 것으로 생각할 수 있다. 그런 경우 몸에서 기능할 단백질이 합성되지 못하므로 수명이 짧아지는 것은 당연한 이치다. 그러나 텔로미어의 길이는 그보다 더 중요한 기능을 한다. 실험적으로 텔로메라아제가 없는 생쥐는 노화가 빨라져 수명이 줄고, 이 생쥐에게 텔로메라아제를 발현시키면 다시 노화가 억제되고 수명이 회복되는 현상이 관찰되었다.

사람의 텔로미어는 나이가 들면서 짧아진다. 백혈구의 텔로미어는 10년에 6~9퍼센트 정도 짧아지지만 그 정도는 개인에 따라 차이가 크다. 텔로미어는 간경화증, 동맥경화증과 같은 노화 관련 질환이 있으면 짧고, 젊은이가 병으로 사망하는 경우에도 짧은 예가 많다. 산화질소, 산화스트레스, 에스트로젠, 염증 반응 등의 영향을 받아 짧아지기도 하고, 수명도 단축시킨다.

100세 이상 생존한 사람의 자손을 조사한 결과 대조군보다 노화 과정에서 텔로미어의 길이가 덜 짧아지는 것으로 나타났으며, 텔로미어가 긴 경우에는 고혈압, 대사증후군, 당뇨와 같이 현대인에게 흔한 생활습관병의 유병률특정 집단에서 특정한 장애, 질병, 심리·신체적 상태를 지닌 사람들의 분율도 낮았다. 일란성 쌍둥이의 예에서도 노인이 되었을 때 한 명은 나이에 비해 젊어 보이고 다른 한 명은 나이에 비해 늙어 보이는 경우가 발견되었는데, 텔로미어의 길이를 비교해 보니 젊어 보이는 사람은 텔로미어의 길이가 긴 것으로 나타났다. 이것은 텔로미어가 후천적 환경의 영향을 받아 길이가 달라질 수 있고, 노화와 관련 있음을 잘 보여 준다.

정상적인 세포보다 오래 살아남는 암세포에는 텔로미어의 길이가 길게 나타나는 것으로 보아 텔로미어의 길이가 긴 것이 반드시 생존에 유리한 것만은 아님을 알 수 있다. 세포는 오래 살지만 암으로 일찍 세상을 떠날 것이기 때문이다.

줄기세포가 노화를 막을 수 있을까?

줄기세포란 세포 중 우리 몸의 어떤 부분으로도 자라날 수 있는 세포, 즉 미분화세포를 가리킨다. 분화는 세포가 분열과 증식을 반복하면서 성장하는 동안 고유의 기능을 할 수 있도록 형태와 기능이 변해 가는 일을 의미한다. 분화된 세포와 달리 미분화된 줄기세포는 다양한 종류의 세포로 분화될 가능성이 있으므로 잘 활용하면 필요로 하는 세포를 얻을 수 있다.

정자와 난자가 만난 수정란이 2개로 분열된 뒤에 떨어지면 각각 완전한 태아로 자라나 일란성 쌍둥이로 태어난다. 수정란은 완전한 한 명의 사람에 포함된 모든 세포로 분화할 수 있는 능력을 지니고 있지만 세포가 분열해 점점 늘어나면 어느 순간부터는 모든 세포로는 분화할 수 없지만 많은 종류의 세포로 분화할 수 있는 상태로 변한다. 여기까지는 줄기세포라 할 수 있지만 더 분화되면 줄기세포의 기능을 하지 못한다.

줄기세포는 태아 때만 존재하는 게 아니라 성체가 되고도 존재한다. 태아가 가진 줄기세포는 배아줄기세포라 하고, 성체가 된 뒤에도 존재하는 줄기세포를 성체줄기세포라 한다. 배아줄기세포는 장차 개체로 성장할 가능성이 있기에 생명체로 봐야 하는지 아닌지를 두고 윤리적 판단이 어려울 수 있다. 하지만 성체줄기세포는 이미 다 자란 장기에 들어 있는 세포에서 분리하고, 개체로 성장할 가능성이 없으므로 윤리 문제에서 자유로운 편이다.

현대의학은 줄기세포를 분리해 성장시켜 보는 단계에 머물러 있지만 미래에는 줄기세포를 이용해 심장, 혈관, 간, 피부 등 원하는 신체 부위를 키워 낼 것으로 기대된다. 아기를 낳은 뒤 제대혈_{엄마와 아기를 연결하는 탯줄에 들어 있는 혈액}을 보관하는 경우도, 장차 의학이 더 발전하면 아기가 자라서 장기이식 수술이 필요해질 때 이를 이용해 필요한 장기를 얻을 수 있으리라고 믿어서다.

성체줄기세포는 배아줄기세포와 비교하면 분화가 쉽고 증식은 어렵지만 여러 종류의 성체줄기세포를 이용하면 장기이식을 기다리는 환자를 위한 장기를 만들어 낼 수 있을 것으로 예측된다.

의학이 예상보다 더 빨리 발전한다면 장기를 복제하는 것을 넘어 장기의 손상된 부위만 없앤 다음 약간의 줄기세포를 장기에 심어 줌으로써 손상된 부분을 메꾸는 치료도 가능해질 것으로 기대된다.

사람의 장기는 콩팥처럼 2개인 것도 있지만 대개는 하나씩만 있다. 이 장기에 병이 생겨 못 쓰게 되면 새것으로 바꿔야 하는데 현재는 새 장기를 만들 방법이 없다. 콩팥은 다행히 하나만 있어도 문제가 없으므로 다른 사람에게 하나를 기증할 수 있지만 다른 장기는 줄 수 없다. 게다가 장기이식을 할 때는 공여자가 있더라도 유전적으로 수혜자와 잘 맞는지를 확인해야 하는데, 가족이 아니면 그 가능성이 낮다.

현대의학으로는 못 쓰게 된 장기를 이식하는 수술은 가능하다. 문제는 생명을 살려야 할 환자에게 줄 장기가 매우 부족하다는 데 있다. 장차 환자의 줄기세포를 키워서 완전한 장기로 성장시킬 수 있다면 고장 난 장기 대신 키워 낸 장기를 이식해 환자를 치료할 수 있을 것이다.

그런데 노화는 줄기세포에 어떤 영향을 줄까? 우선 줄기세포의 기능을 감소시키면서 조직의 재생 능력을 떨어뜨린다.

노화는 조혈 기능도 감소시키므로 적혈구와 백혈구 생산이 억제되어 빈

조혈모세포

피에 들어 있는 세 가지 세포인 적혈구, 백혈구, 혈소판은 골수에서 만들어지는데, 골수 안에는 세 가지 세포 모두로 분화할 능력을 지닌 조혈모세포가 들어 있다. 백혈병이 발생하면 골수이식을 하는 것은 정상적인 백혈구를 생산하지 못하는 골수를 파괴한 뒤 기능을 잘하는 다른 사람의 골수를 이식함으로써 정상적인 백혈구를 만들 수 있게 위함이다.

혈을 일으키고 면역력을 떨어뜨린다. 조혈 기능이 감소하는 것은 줄기세포 자체에서 세포 노화가 일어나 분열과 분화 능력이 떨어져서다. 또한 노화로 줄기세포 주변 환경이 달라지면서 줄기세포의 분열과 재생 능력을 떨어뜨리기 때문이다. 현재는 노화에 따른 줄기세포 기능장애를 치료함으로써 노화를 억제하는 연구가 진행되고 있다.

진로 찾기 제약회사에서 일하는 의사

약국에서 판매하는 약을 만드는 곳은 제약회사다. 제약회사에는 경영과 행정 업무를 담당하는 직원과 함께 약을 만드는 연구원이 일하고 있다. 그러나 제약회사에서만 약을 개발하는 것은 아니다. 사람의 몸에 효과를 지닌 물질을 찾아내는 일은 의사, 약사, 유기화학자, 생명과학자 등 약에 관심을 가진 누구나 가능한 일이다. 문제는 약효를 지닌 물질을 찾아낸다 해도 실제 약으로 만들어져 시판되기까지는 많은 과정을 거쳐야 한다는 데 있다.

의학이 발전하지 않은 수백 년 전에는 경험적으로 약효를 지니고 있는 것으로 생각되는 풀이나 음식을 먹어서 오늘날의 약을 대신했다. 그러나 지금은 약효를 지닌 물질이 발견되면 실험실에서 세포를 이용한 실험을 해야 하고, 가능성 있는 결과를 얻으면 실험동물을 이용해 시험해야 하며, 다음으로 실제 환자를 대상으로 임상시험을 하여 예상 못한 부작용이 있는지 검증해야 한다. 이러한 단계를 모두 거치려면 새로운 약 하나를 개발하는 데 10년 이상이 걸리는 데다 엄청난 비용이 들곤 한다.

신약 개발 과정이 복잡한 것은 안전성을 갖기 위해서다. 몸에 이로운 약과 해로운 독은 양의 차이일 뿐이다. 약은 얼마나 어떻게 사용하느냐에 따라 부작용으로 사람의 몸에 이상을 일으킬 가능성이 얼마든지 있다.

대학에서 무엇을 공부했든 졸업하고 나서 관심의 폭을 넓혀 새로운 공부를 하고, 새로운 분야에 취업을 할 수 있듯이 의사도 의학을 공부한 다음 다른 분야에 관심을 가지는 게 얼마든지 가능하다. 제약회사에서 경영자, 행정가, 연구자로 일하는 의사도 있지만 일반적으로 의사가 가장 많이 하는 일은 임상시험을 매개하는 일이다. 새로 개발된 약이 환자에게 얼마나 효과가 있는지 확인하고, 예상치 못한 부작용이 일어나면 빨리 대응하기 위해 임상시험은 일반적으로 병원에서 엄격한 통제 아래 시행된다. 어느 환자를 대상으로 어떤 식으로 약을 복용하게 함으로써 어떤 효과와 부작용이 발생하는지 확인해 가장 효과적인 약 사용법을 결정하는 것이 제약회사에서 임상시험을 관리하는 의사의 일이다.

진로찾기 **의과학자**

의학은 과학일까? 대부분의 사람은 '그렇다'고 대답할 것이다. 고등학교에서 문과와 이과로 나누어 공부하던 시절, 거의 모든 의과대학에서 이과 학생에게 지원 자격을 주었다. 생물이나 화학 등을 공부해야 의학을 배우기 유리하기 때문이었다.

그러나 의학의 3요소를 지식, 기술, 태도라 하는 데서 볼 수 있듯이 의학이 과학만으로 이뤄진 것은 아니다. 환자를 대하는 의사의 태도가 환자와 의사의 관계 형성에 영향을 미치기도 하고, 치료 효과와 예후가 항상 일정하게 나타나는 것도 아니다. 그러므로 의학은 '과학적 연구 방법을 이용해 크게 발전한 학문으로 사람을 대상으로 하는 만큼 인문학적 소양이 요구되는 학문'이라 할 수 있다. 실제로 고대 그리스에서 활동한 히포크라테스는 물론 조선 시대나 근대 유럽에서 의학을 공부한 이들은 과학적 연구방법을 제대로 알지 못했고, 단순히 경험과 관찰로 지식을 쌓아서 의학을 발전시켰다.

그런데 19세기 후반이 되자 이야기가 달라졌다. 의사가 아니면서도 의학 발전에 큰 공헌을 한 프랑스의 루이 파스퇴르는 효모가 발효를 일으키면 맛있는 포도주가 만들어지지만 세균이 오염되면 포도주가 부패한다는 사실을 발견하면서 미생물의 중요성을 알아냈다. 그는 1796년에 종두법을 개발해 천연두를 예방할 수 있게 한 에드워드 제너의 업적에서 힌트를 얻어 당시에 유행하던 닭콜레라, 탄저, 광견병을 예방할 수 있는 백신을 제조하는 데 성공했다.

비슷한 시기에 독일의 로버트 코흐는 감염병이 발생한 병터에서 얻은 시료를 현미경으로 관찰해 세균이 감염병의 원인임을 밝혀냈다. '어떻게 이렇게 작은 세균이 사람에게서 병을 일으킬 수 있는가'라는 질문에 완벽한 답을 제시하지는 못했지만 4원칙을 정립했다. 즉 감염병으로 생겨난 병터로부터 세균이 발견되고, 그 세균을 아주 많은 수로 배양한 다음 건강한 실험동물에 세균을 주입하면 같은 병이 발생하고, 이 병이 발생한 부위에서 세균이 발견되면 그 세균이 감염병의 원인이라는 것이다. 이로써 탄저, 결핵, 콜레라를 일으키는 세균을 발견하기도 했다. 그의 4원칙은 후대 학자들이 감염병의 원인균을 발견하도록 길을 터주었으며, 이를 토대로 지금까지 수많은 연구가 진행되고 있다.

1910년에 미국에서는 에이브러햄 플렉스너가 의학교육과정을 검토한 보고서를 채택했다. 플렉스너는 교육기관에 따라 임의로 행해지던 의사양성교육을 표준화하기 위한 보고서를 제출하면서 지난 반세기 동안 과학적 연구 방법을 이용한 의학 연구가 의학 발전에 크게 이바지했음을 간파하고, 2년은 기초의학을 공부하고 다음 2년은 환자를 직접 대하는 임상의학을 공부하는 4년제 의학교육과정을 제안했다. 과학에 바탕을 둔 의학 교육의 중요성을 제안한 그의 주장이 세계적으로 널리 받아들여짐으로써 '의학은 과학의 한 분야'이라는 견해가 널리 퍼졌다.

오늘날 의학과 생명과학을 공부해 기초의학 분야에서 의과학자로 일하는 사람들은 치료용 약과 예방용 백신을 개발하고, 유전체 연구를 통해 개인별 맞춤의학 시대를 준비하고 있으며, 유전자와 줄기세포치료와 같은 첨단의학 분야를 연구하고 있다. 이 같은 의과학자의 연구로 의학은 눈부신 발전을 거듭하고 있다.

3장

병病

발생부터 치료까지

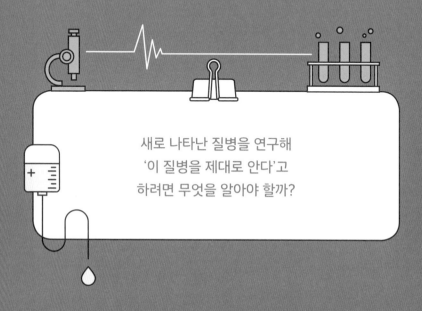

새로 나타난 질병을 연구해
'이 질병을 제대로 안다'고
하려면 무엇을 알아야 할까?

질병이란 무엇일까?

병원에는 수많은 사람이 다양한 직종의 일을 한다. 의사, 간호사, 물리치료사, 작업치료사, 임상병리사, 의무기록사, 방사선사 등 흔히 아는 직종 말고도 전기를 관리하는 사람, 식사를 준비하는 사람, 행정 업무를 담당하는 사람 등이 함께 일한다. 큰 병원일수록 분업이 잘 이뤄지므로 직종의 종류는 더 다양해진다.

인류 역사에서 병원은 언제 처음 생겼을까?

역사를 이야기할 때 꼭 감안해야 할 점은, 현재와 과거가 다르다는 것이다. 의학의 아버지라 부르는 히포크라테스가 기원전 4~5세기에 활동했으니 의사라는 직업은 아주 오래되었다. 간호사는 나이팅게일이 크림전쟁에 참여해 환자를 돌보는 일에서 획기적인 성과를 거둔 뒤 생긴 직종이다. 나이팅게일 이전에는 의료인이 의사뿐이었으니 의료인이라는 용어조차 생소했지만 지금은 위에서 말한 수많은 의료인을 비롯해 여러 사람이 병원에서 일한다. 이렇다 보니 200년 전으로만 올라가도 병원의 모습은 지금과 완전히 다르다.

과거와 오늘날의 병원이 서로 다른 이유에는 과거와 현재의 질병이 다르다는 점도 중요하게 작용한다. 문명이 발전하면 인류를 위협하는 질병도 다양해진다. 비행기가 없으면 비행 사고로 다친 환자가 없는 것과 마찬가지다.

질병은 무엇이고, 지금까지 인류는 질병을 어떻게 이겨 냈을까? 그리고 미래에는 질병이 어떻게 변화할까?

건강 상태를 구별하기는 쉽지 않다

병인지 아닌지는 어떻게 구별할까? 병을 일으키는 세균이 몸속에 침입해 정상적인 생리작용에 영향을 주면 병이 생길 수 있다. 그런데 그 세균이 평소에 몸속에서 살며 아무 문제도 일으키지 않다가 어느 순간에 증상이 있을락 말락 하는 약간의 이상 소견을 일으킨다면 그걸 병이라 할 수 있을까? 예를 들어 아침에 먹은 음식에 식중독을 일으키는 세균이 들어 있어서 설사하는 경우 병이 생긴 것일까? 화장실에 한 번 다녀오니 문제가 해결되었다면 병이 나은 것일까?

오래전에는 젊어서부터 허리를 구부린 채 농사일을 해온 사람이 나이가 들자 허리가 굽어서 지팡이를 짚고 다니는 경우가 흔했다. 노인이 지팡이를 짚고 다니는 것은 허리뼈에 이상 소견, 즉 병이 생겼을 가능성이 크다. 또는 다른 병이 생겼을 수도 있다. 지금이야 당연히 병으로 취급해 병원에 가서 고치려고 하겠지만 오래전에는 나이가 들면 허리가 굽는 것을 자연현상으로 생각했을 뿐, 병이라 생각하지 않았다.

대개 사람은 병을 몇 개나 가지고 있을까? 통계를 내는 방법에 따라 다를 수 있지만 사람들은 평균적으로 병을 4개 이상 가지고 있다. 다음 질문을 살펴보고, 자신이 가진 질병이 몇 개인지 확인해 보자.

1. 안경을 끼고 있거나 눈이 나빠지고 있다.
2. 발가락 사이에 무좀이 있다.
3. 피부에 염증이 있거나 피부를 긁으면 벌겋게 붓는다.
4. 최근 들어 공부가 잘 안 된다.
5. 잠자는 시간이 불규칙하거나 친구들보다 많이 잔다.
6. 충치가 있다.
7. 못 먹는 음식이 있다.
8. 처음 만난 사람과 어울리려고 하니 몹시 불편하다.
9. 소화가 안 되어 배 아픈 일이 잦다.
10. 감기에 자주 걸린다.

노인이 되면 "머릿속이 하얗다", "알고 있는 단어인데 얼른 말로 튀어나오지 않는다"와 같이 병이상 소견이 늘어난다. 또 병인지 아닌지 구별하기 어렵지만 병원에 가야 해결할 수 있는 것도 얼마든지 많다. 주름살이 늘거나 머리카락이 빠지는 것, 손가락에 가시가 박히는 것 등이다.

여성이 폐경기를 지나며 몸에서 열기를 느끼는 것은 나이가 들면서 정상적으로 생기는 현상으로 볼 수도 있는데, 이를 힘들어해 병원에 가면 의사가 호르몬 분비를 조절하도록 도울 수 있다. 이를 병을 고치는 것이라 할 수 있을까? 해도 좋지만 안 해도 무난히 지나갈 과정에 조치를 하는 게 치료일까, 아닐까?

성장호르몬 분비가 너무 적어서 호르몬을 투여하는 경우는 병이 있어서 치료한다고 할 수 있다. 그런데 키가 작기는 하지만 생활에 큰 불편이 없는데도 호르몬을 투여한다면, 그것은 병을 치료하는 것인지 아닌지 말하기가 어렵다.

이처럼 질병인지 아닌지를 구별하는 일은 쉽지 않다.

사회문화적 요인과 질병

복잡한 지하철 객실에서 실수로 옆 사람의 발을 밟았다고 가정하자. 어떤 사람은 왜 밟느냐며 짜증을 낼 것이고, 또 어떤 사람은 그냥 고개를 들어 한 번 쳐다보고 말 것이다. 이렇게 다양한 반응이 나타나는 것은 사람마다 성격이 다르기도 하고, 자신이 속한 사회의 환경이 달라서 그럴 수도 있다. 운동으로 단련된 격투기 선수는 웬만큼 세게 부딪혀도 통증을 느끼지 않겠지만, 살짝 누르는 것만으로도 아파서 눈물을 흘리는 이도 있을 것이다.

가만히 둬서 낫지 않는 병, 또는 점점 진행되면 건강에 심각한 위협이 될 병에 걸리면 병원에 가야 한다. 그런데 이걸 몰라서가 아니라 경제적 형편이 안 좋아서 병이 나도 병원에 못 가는 사람도 있고, 시간을 내기 어려워서 미루다 보니 병이 깊어지는 사람도 있으며, 모든 병은 자신의 의지로 고칠 수 있다고 생각해서 병원에 가는 걸 꺼리는 사람도 있다.

20세기 전반까지는 질병 양상으로 볼 때 전염병의 시대였다. 한 번 번지면 많은 사람의 생명을 위협하는 병이 유행한 것이다. 그러나 전염병 예방 백신의 개발, 미생물을 죽이는 약의 개발, 위생적인 환경 유지, 사람의 영양 상태가 좋아진 것 등이 조화를 이루면서 전염병으로 인한 폐해가 크게 줄었다. 이에 따라 20세기 후반이 되자 질병 양상이 완전히 바뀌었다. 전염병은 줄어드는데 인류가 역사에서 한 번도 맛보지 못한 영양 과다의 시대가 찾아오자 사람의 몸이 비만해진 것이다.

비만은 고혈압, 고지혈증, 대사증후군, 당뇨 등 생활 습관과 관련된 병을 일으키는 전조 증상에 해당한다. 따라서 20세기 후반부터 전염병의 시대가 가고 생활습관병의 시대가 열린 것이다. 게다가 오늘날 사람들의 생활양식은 에너지를 덜 쓰는 방향으로 발전하고 있다. 걷는 대신 자동차나 엘리베이터를 타는 경우가 많아졌고, 야외에서 일하는 시간보다는 사무실에 앉아 컴퓨터 앞에서 일하는 시간이 길어졌다. 에너지 공급은 늘고 소모는 줄었지만 에너지 저장 능력은 그대로이니 비만이 될 수밖에.

이렇듯 사회문화적 요인은 질병의 양상과 이를 받아들이는 사람의 태도와 밀접한 관련이 있다. 따라서 질병을 해결하려면 이를 감안해야 한다.

질병을 제대로 안다는 것

2015년에 메르스MERS, Middle East Respiratory Syndrome, 중동호흡기증후군가 우리나라에 처음 전해졌다. 사우디아라비아를 중심으로 서남아시아 지역에서 주로 일어나는 이 병은, 숨 쉴 때 바이러스가 호흡계통으로 들어온다. 사람에서 사람으로 쉽게 번지는 전염병이며 낙타가 매개체로 기능한다.

이처럼 새로운 병이 나타나면 의학자와 의사는 이 병을 알기위해 연구를 진행한다. 물론 처음 나타난 질병이니 아는 게 거의 없다. 연구를 지속해 '이 병을 제대로 안다'고 하려면 무엇을 알아야 할까?

'병원체'는 질병이 무엇 때문에 발생하는가 하는 것이다. 메르스를 예로 들면 코로나바이러스가 병원체에 해당한다. 이 바이러스는 여러 종류가 알려져 있으나 환경에 따라 새로운 특성을 지닌 바이러스가 생길 수 있으므로 과거에 경험하지 못한 전염병과 마주칠 가능성도 있다.

'원인'은 질병이 어떤 경로로 일어나는가 하는 것이다. 메르스를 일으키는 코로나바이러스가 호흡계통에 감염되는 것이 원인에 해당한다. 사람은 항상 숨을 쉬고 있으므로 호흡계통에 감염되는 바이러스는 다른 전염병보다 쉽게 전파된다.

'병인'은 사람의 몸에서 병을 일으키는 원인이 제공되었을 때 어떻게 해서 병을 일으키는가 하는 것이다. 코로나바이러스에 감염되면 폐로 가서 염증 반응을 일으킨다. 그러면 폐세포는 제 기능을 할 수 없어서 호흡이 어려워진다. 이것이 병으로 발전하는 것이다.

'증상'은 병이 발생한 뒤 몸에서 일어나는 변화를 가리킨다. 메르스가 발생하면 호흡계통에 생긴 다른 전염병과 비슷하게 기침, 호흡곤란, 가래 등이 나타난다. 머리도 아프고 콧물이 흐르며 소화불량과 메스꺼움, 구토와 복통, 설사 등 이상 증세도 나타난다. 증상 때문에 체온이 오르고 심장이 빨리 뛰며, 핏속에 백혈구가 증가하는 식으로 수치로 객관화할 수 있는 변화가 일어나면 이를 '객관적 증상' 또는 '검사 소견'이라 하여 구별하기도 한다. 엑스선을 이용해 몸 내부를 들여다보는 영상은 검사 소견에 포함하기도 하고, '영상 소견'이라고도 한다.

증상이 나타났을 때 정확한 병명을 알아내는 과정은 '진단'이다. 질병에 따라 진단법이 다른데, 메르스는 호흡계통의 검체에 코로나바이러스의 RNA가 포함되어 있는지를 확인하는 중합효소연쇄반응법을 이용한다. 이 방법으로 코로나바이러스 RNA의 존재가 검출되면 바이러스에 감염되었음을 확인할 수 있다.

진단이 이뤄진 뒤에는 적합한 '치료'를 한다. 메르스에 걸린 경우 코로나바이러스를 죽이는 약이 개발되지 않았으므로 환자의 상태가 좋아지면서 면역 기능을 회복해 코로나바이러스를 퇴치하기를 기다려야 한다. 메르스는 사망률이 20퍼센트에 이르지만 사망자는 대개 평소에 건강하지 못해 면역력이 아주 약해진 환자다.

치료보다 중요한 것은 '예방'이다. 호흡계통으로 전파되는 바이러스는 기침할 때 튀어나와 어딘가에 묻는 경우가 흔하다. 그러므로 손을 댄 자리에 바이러스가 있을 가능성이 있으므로 손을 자주 씻는 게 좋다. 사람이 많은 장소에 가지 않고 마스크를 끼는 것도 호흡계통 바이러스의 전파를 막는 방법이다. 가장 좋은 예방법은 특정 지역에 전염병이 유행한다는 소식을 들으면 여행을 가지 않는 것이다.

'자연사'는 병이 생긴 뒤 그냥 두면 어떻게 되는지를 가리키고, '경과'는 치료하면 어떻게 되는가와 자연사를 포함한 표현이다. 치료한다고 100퍼센트 낫는 것도 아니고, 치료하지 않으면 질병이 더 진행해 목숨이 위태로울 수 있다. 그러나 감기처럼 특별히 치료하지 않아도 시간이 지나면 저절로 낫는 질병도 있다.

'질병을 제대로 안다'고 하려면 이 모든 것을 알아야 한다. 그러나 처음 발견된 질병은 이 내용을 알아내기까지 오랜 시간이 걸릴 수 있다. 대부분을 알아내더라도 치료법이 없어서 의사가 환자에게 도움을 주지 못할 수도 있으므로 의사와 의학자들은 계속해서 질병을 연구하고 있다.

인류 역사를 지배한 전염병

역사적으로 인류가 가장 무서워한 질병은 전염병이었다. 전염병은 사람에게 해가 되는 미생물이 사람의 몸에 침입해 정상적인 생리작용을 벗어나게 함으로써 발생하는 병으로, 사람들 간에 번져 나가는 것이 특징이다. 사람의 전염병에는 사람에서 사람으로 직접 전파되는 것과 매개체를 거쳐서 전파되는 것이 있다.

2015년에 우리나라에 처음 전해진 메르스는 전염력이 워낙 강해서 감염된 사람과 접촉한 사람은 전파될 가능성이 아주 높았다. 첫 환자가 생겼을 때 다른 사람과 접촉하지 못하도록 격리해야 했는데 그게 늦어지는 바람에 한동안 우리 사회를 공포에 떨게 했고, 전염병은 과거의 질병이 아니며 오늘날에도 언제든 유행할 가능성이 있음을 보여 주었다.

과거부터 현재까지 우리 곁에 있는 전염병

전염병이 일어나려면 병원체가 숙주로 침입해야 한다. 사람을 기준으로 이야기하면 숙주는 사람이 되고 병원체는 전염성을 지닌 미생물이 된다. 미생물에는 여러 종류가 있으며 크기가 큰 것부터 작은 순서로 원생동물, 곰팡이, 세균, 리케차rickettsia, 미코플라스마mycoplasma, 바이러스가 있다. 이 중에서 원생동물은 작은 생물이기는 하지만 의학에서는 기생충으로 분류한다.

세균은 사람에게서 가장 흔히 병을 일으키는 미생물이지만 병을 일으키지 않는 종류가 훨씬 많으며, 우리 몸속이나 피부에 널리 분포하고 있다. 세균이 사람에게 병을 일으키는 것은 병원성病을 일으키는 능력 또는 성질을 지닌 경우다. 즉 사람에게 원래부터 세균이 많이 존재하거나 외부에서 몸속으로 세균이 들어와도 병원성이 없다면 문제가 없다. 하지만 사람에게 해로운 독을 만들어 내는 세균이나 감염된 세균의 수가 많아져 사람 세포를 공격하면 병이 생긴다.

진화론적으로 지구에 가장 먼저 생겨난 단세포생물은 그 뒤로 지금까지 줄곧 지구의 주인이었다. 지구에 이상 현상이 일어나 모든 생명체가 위협받게 되더라도 미생물이 살아남을 확률은 사람보다 훨씬 높다. 사람이 생겨나기 전부터 세균은 이미 식물과 동물을 감염시켜 병을 일으킬 수 있었고, 기생 또는 공생으로 생존 전략을 수립했다.

전염병의 원인이 되는 미생물 중에는 사람에게 병을 일으키지 않으나 동물에게는 병을 유발하는 경우, 사람에게 병을 일으키지만 동물에게서는 그러지 않는 경우, 사람과 동물 모두에게 병을 일으키는 경우가 있다. 인류 역사상 최초의 백신은 1796년에 제너가 개발한 종두법이었다. 한 번 우두소의 두창에 걸린 경험이 있는 사람은 천연두사람의 두창에 걸리지 않는다는 사실에서 실마리를 얻어 우두를 이용한 백신을 만든 것이다. 이 이야기는 소의 두창이 사람에게 전파될 수 있으나 다행히 큰 병을 일으키지는 않는다는 뜻이다. 미라의 흔적이나 각종 그림과 기록을 볼 때 두창, 결핵, 소아마비회백질척수염 등은 인류와 함께 등장한 것으로 추측된다.

전염병은 사람에게 전파되지만 면역력이 생기면 그 파급력이 줄어든다. 면역력을 강화하려면 예방접종을 받고 평소에 잘 먹어서 바깥에서 침입하는 미생물에 반응하도록 하는 방법이 있다. 자신도 모르는 사이에 면역력이 자연적으로 생기기도 한다. A형 간염을 일으키는 A형 간염바이러스는 나이가 어릴 때 감염되면 별 문제 없이 면역력만 키워 놓고 물러나지만 어렸을 때 감염이 되지 않은 상태에서 성인이 되어 감염되면 간 기능을 심각하게 떨어뜨릴 수 있으므로 치료를 잘해야 한다. 면역 기능을 키우는 기전도 때에 따라 다르기 때문이다.

역사적으로 전염병은 여러 종류가 유행하면서 인류를 괴롭혔다. 십자군 전쟁이 끝나고 13세기 말에는 한센병, 14~15세기에는 페스트, 17~18세기에는 발진티푸스, 19세기에는 콜레라, 1918년 제1차 세계대전이 끝날 무렵에는 독감이 매우 크게 유행했다. 페스트는 당시 유럽 인구 4분의 1의 생명을 앗아 갔고, 1918년에 독감이 유행했을 때는 전쟁으로 사망한 사람보다 더 많은 사람적게는 2,000만 명에서 많게는 2억 명이 전염병으로 세상을 떠났다.

프랑스가 1803년에 오늘날 미국 영토의 4분의 1에 이르는 땅을 미국에 헐값으로 넘긴 것은 황열黃熱이 유행했기 때문이었고, 찬란한 문명을 이룩한 로마는 말라리아 때문에 멸망했으며, 남아메리카 문명은 천연두가 번지면서 멸망했다.

전염병이 줄어든 이유

앞서 전염병으로 나라나 문명이 멸망했다는 이야기를 소개했다. 그러나 메르스의 예에서 보듯 오늘날에는 전염병이 유행해도 과거처럼 엄청나게 많은 인구가 사망하는 일은 일어나지 않는다. 전염병에 맞서 싸울 무기가 많이 개발되었기 때문이다.

병은 발생하기 전에 예방하는 것이 무엇보다 중요하고 효과적인 방법이다. 지금은 아기가 태어나면 신생아 예방접종표에 따라 예방접종을 해서 살아가는 동안 전염병의 위험을 최대한 피하도록 조치한다.

인체는 아주 복잡해 한 가지 병의 백신을 제조했다고 해서 다른 병의 백신도 제조할 수 있는 게 아니고, 백신을 접종해도 전염병을 100퍼센트 예방하는 것도 아니다. 하지만 의학자들은 계속해서 백신이 없는 전염병에 대한 새로운 백신을 개발하는 중이다. 이미 백신이 있어도 더 효과가 좋고 쓰기 편한 백신을 개발하려고 노력하고 있으므로 백신의 효과는 앞으로 더 커질 것이다.

19세기 말에 독일의 코흐는 세균이 전염병의 원인임을 알아냈지만 치료법은 전혀 없었다. 백신이 개발된 전염병만 예방할 수 있었을 뿐이다. 약으로 세균을 죽여 질병을 치료할 수 있다는 사실은 1910년에 독일의 파울 에를리히가 알아냈다. 그가 제조한 살바르산 606호라는 약은 매독 치료에 특별한 효과가 있었다.

그런데 사람은 면역 기능을 통해 몸에 침입한 미생물을 일부라도 퇴치할 수 있지만 면역 기능이 없는 곰팡이는 세균이 침입할 경우 어떻게 해결할까?

면역 기능은 사람처럼 엄청나게 많은 세포를 가지고 있는 동물만 가진 기능이다. 단세포인 곰팡이는 면역 기능이 없고 세균은 곰팡이 내로 침입해 감염시킬 수 있다. 감염된 곰팡이는 그대로 죽기도 하지만 자신이 가진 물질을 이용해 세균을 퇴치하기도 한다. 곰팡이가 세균을 죽일 수 있는 물질을 가졌다는 사실은 19세기 말부터 알려졌지만 이를 처음으로 분리한 사람은 영국의 알렉산더 플레밍이다. 플레밍은 1929년에 자신이 찾아낸 페니실린을 약으로 시판하지는 않았지만 그의 연구에 흥미를 지닌 하워드 플로리와 언스트 체인은 페니실린을 전염병 치료에 이용함으로써 페니실린을 최초의 항생제로 등극시켰다. 이들 3명은 1945년 노벨 생리의학상을 수상했다. 또 플레밍의 연구에서 힌트를 얻은 미국의 셀먼 왁스만은 '이 세상에 곰팡이가 얼마나 많은데

항생제

미생물 중 주로 곰팡이가 만들어 내는 물질. 적은 양으로 다른 미생물, 특히 세균의 발육을 억제하거나 죽인다. 곰팡이는 면역 기능이 없어서 세균에 감염되면 방어가 불가능하므로 세균에 대항할 수 있는 물질을 가지고 있다.

그 곰팡이가 세균을 죽일 수 있는 물질을 한 가지만 가지고 있을 리는 없다'라는 생각으로 다른 항생물질을 찾아 나섰다. 실제로 그는 항생 효과를 지닌 물질을 여러 가지 찾았고, 그중 결핵 치료제로 사용 가능한 스트렙토마이신streptomycin을 찾아내 1952년 노벨 생리의학상을 수상했다.

에를리히에 이어 이 세상에 존재하지 않는 물질을 합성해 항균제로 사용한 사람은 독일의 게르하르트 도마크였다. 그는 1932년에 프론토질이 가진 술폰아미드기sulfonamide가 엽산 합성을 억제함으로써 항균 효과를 지닌다는 사실을 알아냈다. 이 공로로 도마크는 1939년 노벨 생리의학상을 받았으며, 제2차 세계대전에서 부상자를 치료하는 데 크게 기여했다. 이와 같이 전염병 치료제로 사용할 수 있는 항생제와 화학요법제화학적으로 합성해 제조한 약가 계속해서 개발되자 인류는 서서히 전염병의 공포에서 해방되었다.

새로운 전염병이 몰려온다

20세기 중반까지 큰 문제가 되었던 감염병이 점점 해결되는 것은 좋은 일이지만, 오늘날에는 과거에 없었던 전염병이 새로 발견되곤 한다. 앞서 예를 든 메르스 외에도 새로운 전염병이 나타나고 있다. 몇 가지 예를 들면 다음과 같다.

1. 사스SARS, Severe Acute Respiratory Syndrome, 중동급성호흡기증후군

2002년 11월 중국에서 퍼져나간 사스는 메르스와 비슷하게 코로나바이러스에 의해 감염되어 호흡계통에 이상을 일으키는 전염병이다. 어떤 종류의 코로나바이러스에 감염되는가에 따라 사스와 메르스가 발병하는 것이다. 사스에 걸린 사람은 열이 나고 기침이 심해지며 숨쉬기가 곤란해지는데, 결국에는 폐에 이상을 일으켜 호흡을 못 하게 된다. 당시 환자의 약 10퍼센트가 사망에 이르렀다.

감염된 환자의 콧물, 가래, 침이 어딘가에 묻으면 이를 통해 다른 사람에게 전파되므로 전파 속도가 빠르고, 증세도 빨리 나타나는 것이 특징이다. 특별한 치료법이 없으므로 열이 나면 열을 낮추고, 기침이 나면 기침을 해소할 수 있는 약을 먹으면서 병이 낫기를 기다려야 한다.

병의 원인인 코로나바이러스는 예전부터 알려져 있었는데 사스라는 새로운 질병이 어느 날 갑자기 나타난 이유는 무엇일까?

우리가 알고 있던 코로나바이러스의 성질이 바뀌어 사람의 몸에 치명적인 바이러스로 변해 버린 것이다. 다행히 사스는 2003년 이후 잠잠해졌다. 그러나 바이러스가 사라진 것은 아니므로 항상 대비해야 한다.

2. 출혈열出血熱

출혈열이란 피가 흐르고 열이 나는 증상을 가리키는 말이다. 피부에 흐르는 피는 쉽게 막을 수 있지만 몸 내부에서 피가 흐르면 자연적으로 멈출 때까지 기다려야 하므로 문제가 된다.

출혈과 열을 일으키는 수많은 병이 있고, 원인이 되는 바이러스에는 다양한 종류가 있다. 그중 하나인 한타바이러스를 처음 발견한 사람은 우리나라의 이호왕 박사다. 유행성 출혈열과 유사한 질병은 이미 오래전부터 존재했으므로 1976년에 이호왕 박사가 한타바이러스를 분리하자 세계 곳곳에서 이를 응용한 방법으로 출혈열의 원인을 알아냈다. 이 발견은 '한국이 낳은 세계적인 발견'이라는 평가를 받았다.

1967년에 독일의 마르부르크 등지에서 발생한 원인 불명의 전염병은 우간다에서 들여온 원숭이가 감염원이었다. 이때 발생한 환자 31명 중 7명이 사망했고, 환자의 검체에서 분리한 바이러스는 새로운 바이러스로 밝혀져 마르부르크바이러스라 이름 붙었다. 또 9년 후인 1976년, 아프리카 자이르에서 발생해 수백 명의 목숨을 앗아 간 바이러스는 이 바이러스가 유행한 지역의 강 이름을 따서 에볼라바이러스라 이름 붙였다. 에볼라바이러스에 감염되어 발생하는 질병을 에볼라 출혈열이라 한다. 우리나라에서는 아직 이 두 바이러스에 의한 출혈열 환자가 발생하지 않고 있으나 세계여행이 보편화된 지금에는 항상 주의해야 한다.

이외에도 출혈과 열을 일으키는 바이러스는 전 세계에 다양한 종류가 존재하며, 이 바이러스를 지닌 동물로부터 사람에게 전파되는 경우가 흔하므로 항상 조심할 필요가 있다.

3. 지카바이러스 감염증

2016년에 브라질 올림픽을 앞두고 세계적으로 공포의 대상이 된 이 전염병은 모기가 사람을 물어 침을 통해 침투하는 지카 바이러스가 원인이다. 우리나라에는 다행히 이 바이러스를 옮기는 모기가 분포하지 않으므로 환자가 나오지 않았지만 세계적으로는 꽤 많은 환자가 발생했다.

모기에 물린 뒤 3일에서 7일이 지나 고열과 두통, 근육통, 관절통이 흔히 나타나고 충혈, 안구통, 결막염 등 눈을 침범한 증상이 특징적으로 나타난다. 다행히 일주일쯤 지나면 회복되고 사망 사례는 보고된 바 없으며, 감염자 5명 중 1명만 증상이 나타나므로 임신부를 제외하면 특별히 심각한 전염병은 아니라 할 수 있다. 임신부가 감염되면 태아에게 소두증이 발생할 수 있다. 소두증은 머리 크기만 작은 것이 아니라 청각과 시력 장애, 간질, 지적 발달 장애 등이 따라오는 경우가 많아 심각한 문제가 된다.

우간다 말로 지카는 '무성하게 자란다'는 뜻의 숲 이름인데 이 숲에서 황열을 연구하던 학자들이 1952년에 원숭이에게서 처음 발견한 바이러스에 붙인 이름이다. 그동안 좁은 지역에 드물게 일어나는 감염병이었지만 2015년에서 2016년 사이에 브라질을 포함해 중남부아메리카에 환자가 많이 발생했다가 지금은 세력이 줄었다.

4. 중증열성혈소판감소증후군SFTS, Severe Fever with Thrombocytopenia Syndrome

2017년 7월 25일에 질병관리본부에서 '하반기에 주의해야 할 10대 감염병 및 예방수칙'을 발표하면서 첫 번째로 선정한 감염병이다. 최근에 작은소참진드기에 물리면 목숨을 잃을 수도 있다며 언론에 소개된 병으로, 진드기로부터 바이러스가 침입해 발생한다. 특별한 치료법이 없는 상태에서 목숨을 잃을 수도 있다는 사실은 이미 150년 전부터 알려졌다. 병원체인 바이러스는 2009년에 중국에서 처음 발견했으며 주로 중국 북동부와 우리나라, 일본에서 발견된다.

우리나라에서 발생한 환자는 2013년에 36명, 2014년에 55명, 2015년에 79명, 2016년에 165명, 2017년에 272명이다. 2018년에

259명이고 2019년에는 5월 2일에 첫 환자가 나타났다. 9월에서 10월 사이에 환자가 많고 매년 15명 이상이 사망하고 있으며 특히 노약자가 취약하다. 유행성 출혈열을 일으키는 한타바이러스와 유사한 바이러스가 원인이며, 열이 나고 소화불량이 심해지며 혈소판과 백혈구가 줄어든다. 치료법이 없고 백신도 개발되지 않았으므로 증상에 맞춰 치료하면서 낫기를 기다려야 한다.

가장 좋은 예방법은 진드기에 물리지 않는 것이다. 작은소참진드기는 여름과 가을에 활동이 활발하므로 이 시기에 진드기가 있는 산이나 들에 가지 않으면 예방이 가능하다. 나갈 때는 긴 옷을 입어 피부가 드러나지 않도록 해야 한다. 집에 오면 옷은 꼭 세탁하고 깨끗이 목욕하는 것이 좋다.

과거에 없던 질병이 새로 나타나면 세계보건기구WHO, World Health Organization에서는 '새로 나타난 병New Emerging Disease'이라고 표현하곤 한다. 이런 병은 대개 동물에게서 사람으로 감염이 되는 경우다. 사람들의 활동 범위가 넓어지면서 동물과 접촉하는 기회가 늘자 새로운 감염병이 많이 나타나게 된 것이다.

최근 들어 이전보다 새로운 감염병 발생에 관한 이야기가 많아진 것처럼 느껴지는 이유는 무엇일까? 교통이 발달하면서 감염병 매개체의 전파가 쉬워지고, 통신 발달로 다른 나라의 소식을 쉽게 듣게 되어서다. 의학이 발전하기 전에는 황열이나 뎅기

열을 일으키는 바이러스와 지카바이러스를 구별하는 것이 쉽지 않았지만 지금은 구별이 쉬워진 것도 새로운 병이 생겨난다는 느낌을 준다. 의학 발전에 따라 새로운 병을 찾아낼 가능성이 높아진 것도 이유다. 가장 큰 이유는 앞서 말했듯 지구상의 한 개체라 할 수 있는 사람들의 활동 지역이 넓어져 전에는 접촉하기 어려웠던 병원체를 접할 가능성이 높아진 데 있다.

새로운 전염병이 나타나는 것은 당연한 일이다. 그러므로 일단 발견되면 빠르게 조치를 취해 피해를 줄이도록 해야 한다.

마취, 고통을 이겨 내는 방법

인류는 언제부터 수술을 했을까? 수술은 기원전부터 시작되었다. 기원전 800년경에 기록된 인도의 경전 《슈슈루타 삼히다》에는 코 수술에 대한 내용이 나오고, 이보다 수천 년 더 앞선 시기에 뇌를 수술한 자국이 남은 머리뼈가 세계 곳곳에서 발견된다.

수술은 칼처럼 날카로운 도구를 이용해 피부를 절개하거나 몸에 있는 구멍으로 도구를 넣어 특정 부위를 잘라 내는 것이다. 피부에 살짝 상처만 나도 통증을 느끼는데 칼로 자르면 통증은 심할 수밖에 없다. 이러한 통증을 줄이려고 쓰는 약을 마취제라 하며, 1840년대에 처음 사용되었다. 그 전에는 심한 고통을 참으며 수술을 받아야만 했다.

마취제는 오늘날 출산의 고통을 줄이려고 쓰기도 하고, 수술이 아니더라도 통증을 줄이기 위해 사용되기도 한다. 과거에는 병원에서 마취를 전문으로 담당하는 마취과가 있었으나 지금은 마취통증의학과에서 수술 시 마취를 담당하고 다른 통증으로 고생하는 환자의 고통을 해결하는 일을 맡고 있다.

마취제 이전의 물질, 아산화질소

술에는 알코올의 한 종류인 에탄올이 들어 있다. 인류는 이미 수천 년 전부터 술을 만드는 법을 알았고, 고대인도 알코올을 마시면 기분이 좋아지면서 평소보다 말이 많아지거나 없어지고 노래하기도 한다는 것을 알았다. 많이 마시면 어딘가 부딪혀 상처가 나도 통증을 덜 느끼고, 방금 있었던 일을 기억하지 못할 수 있다는 사실도 물론 알았다. 하여 통증을 줄이기 위해 술을 마시기도 했다.

오늘날 마약으로 분류되어 사용이 통제되는 아편도 원래 통증을 줄이기 위해 사용되었다. 아편은 기원전 3세기경부터 기록에 나타난다. 아편의 효과에 만족해 널리 사용한 중국의 양귀비는 아편을 '기쁨의 식물'이라 했다. 아편은 종류가 다양하고 일부가 마약으로 지정되어 있다. 한 번 쓰면 습관적으로 사용하고 싶은 욕구가 생기기 때문이다. 오늘날에는 마약성 약물 사용이 제한되어 있지만 일부 아편계 약물은 아주 심한 통증을 호소하는 환자에게 진통제로 쓰이며, 과거에도 환자의 감각을 둔하게 하거나 의식이 없는 상태를 만들어 의학적 처치를 할 때 썼다.

1798년에 영국의 토머스 베도스는 여러 기체에 대한 인체 반응을 연구하기 위해 브리스톨에 연구소를 설립했다. 그의 조수였던 의과대학생 험프리 데이비는 당시의 화학자가 흔히 그랬듯 여러 기체의 냄새를 맡곤 했다. 그러던 어느 날, 아산화질소의 냄새를 맡자 기분이 좋아지는 걸 느꼈다. 데이비는 치아를 뽑을 때 아산화질소를 마셔 통증을 줄일 수 있음을 확인했고, 1799년에 아산화질소를 외과 수술에 사용하자는 논문을 발표했지만 아무도 관심 갖지 않았다.

데이비에게서 아산화질소의 효과를 전해 들은 베도스는 여성을 대상으로 아산화질소의 효과를 시험했다. 자신의 부인을 포함해 아산화질소를 들이킨 여성들이 기분이 아주 좋아져서 활발하게 웃으며 이리저리 떠돌아다니는 걸 발견했다. 이런 사실이 알려지면서 파티에서 분위기를 띄우려고 아산화질소를 마시는 일이 유행하게 되었으나, 달뜬 사람이 스스로를 통제하지 못하고 몸을 마구 다루거나 다른 사람에게 해를 끼치는 일이 발생하면서 아산화질소 흡입에 대한 비판이 쏟아졌다. 그 뒤로 영국에서는 아산화질소를 흡입하는 일이 줄었다. 아산화질소를 마시면 사람들이 잘 웃게 된다고 하여 이를 소기笑氣가스라고도 한다.

미국 코네티컷에서 치과 의사로 일하던 호러스 웰스는 1844년에 아산화질소의 효과를 목격했다. 아내와 함께 참석한 파티에서 아산화질소 기체를 마신 사람이 몸을 제대로 가누지 못할 정도로 즐거워하며 흐느적거리는 것을 보고, 다음 날 자신의 조수에게 아산화질소를 흡입하게 한 뒤 이를 뽑았다. 아산화질소가 발치를 쉽게 만드는 것을 발견한 웰스는 자신의 환자에게 사용했고, 소문이 퍼지면서 명성을 얻었다.

자신감을 얻은 그는 하버드대학교 협력 병원인 매사추세츠 종합병원의 윌리엄 모턴에게 공개 실험을 제안했다. 한때 웰스의 조수였던 모턴은 그 병원의 외과 의사 존 워런에게 계획을 설명하고 공개 실험 허락을 받았다. 1845년 1월, 워런의 수업에 참여한 학생들 앞에서 웰스는 아산화질소를 이용한 발치를 시도했으나 환자는 비명을 질렀다. 사용한 아산화질소가 너무 적었기 때문이다. 이로써 아산화질소를 마취제로 사용하려는 시도는 실패로 돌아갔다.

새로운 마취제, 에테르

미국 조지아에서 외과 의사로 일하던 크로퍼드 롱은 수술할 때마다 환자가 고통스러워하는 모습에 마음이 아팠다. 그러던 어느 날, 파티에서 에테르 냄새를 맡은 사람들이 환각에 빠져 상처를 입어도 통증을 느끼지 못하는 것을 보고 이에 착안해 1842년에 에테르로 마취시킨 환자의 종양을 통증 없이 제거하는 데 성공했다. 그러나 더 좋은 방법을 찾거나 알리려고 노력하지 않은 채 7년을 보내고 1849년에 이르러서야 논문으로 발표했다.

아산화질소를 이용한 실험에서 성공하지 못했지만 모턴은 그 뒤로 마취제에 관심을 가졌다. 그러던 중 같은 병원의 의사 찰스 잭슨으로부터 에테르도 아산화질소와 비슷한 효과가 있다는 이야기를 들었다. 에테르의 효과를 확인하기 위해 모턴은 이를 뽑을 때 에테르를 사용했고, 성공적으로 발치가 끝나자 신문에 이 사실을 알렸다. 모턴이 학술지 대신 신문에 먼저 알린 것은 자신의 발견을 빨리 알리고, 학자들의 반론을 덜 받기 위해서였다.

그 뒤 모턴은 외과 의사 헨리 비글로에게 자신의 발견을 설명하고, 다시 한번 공개 수술을 제안했다. 비글로는 워런의 승낙을 받았고, 1846년 10월 16일에 매사추세츠 종합병원에서 워런은 에테르를 이용해 환자의 목 부위에서 종양을 제거하는 수술을 했다. 결과는 성공적이었고, 비글로는 11월 3일에 에테르를 이용해 대퇴골넙다리뼈 절단 수술을 시행해 무사히 수술을 마칠 수 있었다. 1965년 10월 16일, 매사추세츠 종합병원이 있는 보스턴에서는 비글로가 처음 마취제를 이용한 수술에 성공한 날을 에테르의 날Ether's day이라 선포했다.

마취제를 쓰기 전에는 수술을 빨리하는 것이 아주 중요했다. 톱과 유사한 수술용 기구로 신체 어딘가를 자르는 동안 의식이 멀쩡한 상태에서 참아야 했으니 당연했다. '런던에서 수술을 가장 빨리 한 외과 의사로, 2분 30초 만에 수술을 마치기도 했다'는 기록이 남아 있는 영국의 로버트 리스턴은 수술을 많이 하는 데다 빨리하기로 유명했고, 자신의 수술 경험을 네 권의 책으로 남겨 놓았다. 당시에는 수술을 할 때 시민들이 와서 구경을 하곤 했으므로 리스턴이 빨리 수술을 했다는 건 목격자가 많다는 점에서 믿을 만하다.

그는 은퇴를 앞둔 1846년 12월 21일에 영국에서 최초로 에테르를 마취제로 이용해 큰 수술을 시행한 뒤 "앞으로는 이런 훌륭한 물질을 이용해 수술을 훨씬 쉽게 할 수 있을 것이다"라고 말했다. 이 사실이 알려지자 마취제를 이용한 무통수술법이 유럽에 널리 퍼졌다.

클로로폼의 등장

영국에서 마취제가 효과적이라는 사실이 들리자 에든버러대학의 산부인과 교수 제임스 심프슨은 마취제를 이용하면 임부가 덜 힘들게 출산할 수 있으리라 기대했다. 그러나 에테르는 특이하면서도 그리 좋지 못한 냄새를 풍겨서 코에 대기만 해도 사람에 따라서는 구토를 하니 마취제로 쓰기가 쉽지 않았다.

1847년 11월 4일, 심프슨은 친구인 조지 키스와 조수인 제임스 덩컨과 함께 그동안 수집한 여러 기체를 차례로 마시며 효과를 시험했다. 그러다 클로로폼의 냄새를 맡자 서서히 몽롱해지면서 기대했던 효과를 느꼈다. 1831년에 발견된 클로로폼이 16년 만에 진가를 드러낸 것이다.

클로로폼 냄새를 맡은 시험자들은 새로운 발견의 성취감과 클로로폼 자체의 효과 때문에 기분이 무척 좋아져 말이 많아지고 행동이 흐트러지기 시작했다. 에테르와 달리 클로로폼의 냄새는 아주 좋다고 하는 사람도 있을 만큼 괜찮았기에 심프슨과 동료들은 보물을 발견한 것처럼 기쁨의 찬사를 하며 신나는 시간을 보내다 잠이 들었다. 의식이 돌아온 뒤에는 각자의 체험을 토론하고 미리 준비된 클로로폼이 기체로 변해 모두 사라질 때까지 실컷 냄새를 맡으면서 실험을 거듭했다.

심프슨은 클로로폼을 이용한 무통분만에 성공했으며, 그해가 가기 전 클로로폼을 적신 손수건을 4세 어린이의 얼굴에 덮은 다음 이 어린이의 팔을 통증 없이 절단하는 데 성공해 클로로폼 마취법의 효과를 확실하게 드러냈다. 심프슨은 클로로폼 마취법 발견의 공로로 준남작 칭호를 받았으며 여왕의 시의가 되었다.

클로로폼 마취에서 부작용으로 사망한 환자도 있었다. 하지만 비교적 빨리 마취제가 일반화된 것은 쓰지 않았을 때의 통증이 너무나도 견디기 힘들기 때문이었다. 클로로폼 부작용의 이유를 찾아 해결하기까지는 약 50년이 걸렸다.

그로부터 6년 뒤 산부인과 의사 존 스노는 진통 초기에 마취제를 흡입시킨 뒤 진통이 다시 찾아오면 더 적은 양을 반복 흡입시키는 간헐마취법을 개발했다. 스노는 대영제국을 건설한 빅토리아 여왕이 레오폴드 왕자를 낳을 때 일정한 간격으로 클로로폼 냄새를 맡게 해 무통분만에 성공했다. 이에 만족한 빅토리아 여왕은 베아트리스 공주를 낳을 때도 클로로폼을 사용해 마취법의 일반화에 공헌했다.

국소마취제로 사용되는 금지 약물

전신마취제는 잠을 자는 동안에 몸에 생긴 문제를 해결할 수 있다는 점이 장점이지만 아무래도 국소마취보다는 많은 양을 써야 하므로 전신에 부작용이 잘 나타나는 편이다. 그래서 지금은 작은 수술이라면 환자가 깨어 있는 상태에서 수술 부위만 마취하는 국소마취제를 쓰는 경우가 많다.

최초의 마취제는 습관성이 강해 오늘날 금지 약물로 구분되어 있는 코카인이다. 마약의 하나인 코카인은 아메리카 대륙의 코카라는 식물에 포함되어 있다. 아메리카를 발견한 유럽인은 원주민이 나뭇잎을 씹고 있는 걸 발견했다. 스페인 의사이자 식물학자이던 니콜라스 모나르데스는 1569년에 "원주민이 담배와 코카잎을 씹으며 큰 만족감을 느낀다"라고 기록을 남겼다. 이를 통해 이미 오래전부터 코카잎을 씹으면 기분을 좋게 하는 데 효과적이라는 것을 알았으리라 짐작된다.

17세기 초에 이미 아메리카 대륙으로 간 유럽인 중에 코카잎을 의학적으로 사용할 수 있을 거라는 주장을 한 사람이 등장하면서 나뭇잎에 들어 있는 어떤 물질이 효과를 지니는지에 대한 연구가 시작되었다. 1855년에 독일 화학자 프리드리히 개드케는 코카잎으로부터 코카인 알칼로이드를 분리했고, 이듬해에 남아메리카로 파견된 프리드리히 뵐러와 카를 세르쩌는 1859년에 대량의 코카잎을 가져 와서 1860년에 새로운 물질을 분리해 코카인이라 이름 붙였다.

1879년에 바실리 안렙이 코카인으로 마취한 개구리 다리를 여러 방법으로 수술하면서 마취 효과가 있음을 알아냈다. 안과 의사인 카를 콜러는 눈을 코카인으로 국소마취해 성공적으로 수술했고, 이를 1884년에 학회에서 발표함으로써 코카인의 국소마취 효과가 세상에 드러났다. 이후 콜러의 방법을 개선한 의사들이 호흡계통과 뇌신경계통 마취에 성공하자 코카인을 국소마취제로 이용하는 수술이 널리 퍼졌다. 특히 미국의 윌리엄 할스테드가 신경 부위에 약을 약간 주입해 통증을 없앨 수 있다는 것을 알려 통증으로 고생하는 수많은 사람에게 큰 도움을 주었다.

약을 합성하는 사람은 구조식이 알려지기만 하면 작은 부분을 치환해서 더 좋은 효과를 가질 수 있는 약을 얻으려고 노력한다. 코카인 구조식은 1898년에 독일의 리하르트 빌슈테터가 처음 발견했는데 이 구조를 변형시키는 방법으로 1891년부터 1930년 사이에 수많은 국소마취제가 개발되었다.

20세기에 들어와서도 오늘날 널리 이용되고 있는 리도카인 등 수많은 국소마취제가 개발되어 인류를 고통에서 해방시켰다.

암 정복을 위한 노력

사춘기를 지나 성인이 되어 성장을 멈추면 몸을 이루는 세포가 더 이상 늘지 않고 비슷한 수로 유지된다. 세포는 30번쯤 분열하면 자연적으로 죽으므로, 세포가 더 이상 늘어나지 않는다는 것은 새로 생겨나는 세포와 죽어서 없어지는 세포 수가 같다는 뜻이다.

어떤 이유에서든 죽어야 할 세포가 사라지지 않는다면 몸에서 필요로 하는 것보다 세포가 많아진다. 이렇게 필요 이상으로 자란 세포는 현미경으로 들여다보면 정상 세포와 모양이 다르고, 덩어리를 이뤄 몸에 붙어 있다. 이처럼 비정상적으로 자라난 세포 덩어리를 종양이라 한다.

▶ 세포의 성장 ◀

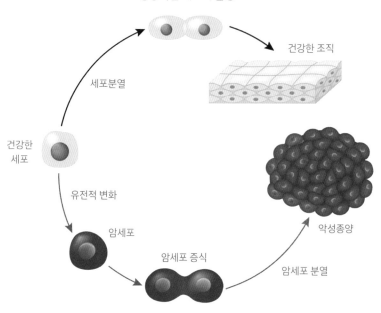

정상적인 세포의 발생

건강한 조직

세포분열

건강한
세포

유전적 변화

암세포

암세포 증식

악성종양

암세포 분열

비정상적인 세포 성장

사람의 몸을 이루는 세포가 비정상적으로 자라면

종양은 크게 두 가지로 구분한다. 덩어리가 막에 싸여서 주변 부위와 잘 구별되는 경우를 양성이라 하고, 어디까지가 비정상적인 종양이고 어디까지가 정상 세포인지 구별이 어려운 경우를 악성이라 한다. 양성과 악성은 현미경으로 관찰하면 세포 모양이 서로 다르다. 그냥 뒀을 때 자라는 속도는 악성이 양성보다 빠르며 양성은 종양을 둘러싼 막이 있지만 악성은 막이 없다. 따라서 양성은 수술로 없애기 쉽지만 악성은 어디까지가 악성종양인지를 구별하기 어려워서 눈으로는 볼 수 없는 세포를 포함하면 수술할 때 아주 넓은 부위를 제거해야 하므로 치료가 훨씬 어렵다. 종양이 생명을 위협하는 병이라는 점은 오래전부터 알려졌으며 우리나라에서는 양성종양을 혹, 악성종양을 암이라 부른다.

몸에서 필요 없는 것이 자라나는 일은 결코 바람직하지 않다. 세포가 자라나면서 주변 조직을 침범해 그 조직마저 제대로 기능하지 못하도록 나쁜 영향을 미치기 때문이다. 주변 조직을 침범하는 정도는 악성종양이 양성종양보다 더 심각하다. 악성종양은 세포가 더 잘 자라는 데다 수술이나 방사선 치료를 하기 어려우며, 암세포를 죽이는 항암제가 잘 듣지 않는 경우도 있다. 다행인 것은 치료가 어렵다는 것이지 불가능한 것은 아니며, 깨끗하게 치료할 가능성이 점점 커지고 있다는 점이다. 의학 발전은 불치병이라 여기던 암을 난치병으로 바꾸고 있다.

암 조기 진단을 위한 건강검진

병원에는 언제 가야 가장 좋을까? 병이 심각해졌을 때 방문하는 것보다 병이 생기기 전에 미리 가서 병이 생길 가능성이 있거나 질병 발생 초기가 아닌지 확인하는 것이 더 중요하다. 때문에 국민건강보험공단에서 건강검진을 시행하라고 하는 것이다.

언제부터 특정 목적을 위해 개인 또는 집단을 대상으로 건강검진을 시작했을까? 19세기 유럽으로 거슬러 올라가 보자. 영국의 호러스 도벨은 산업혁명으로 도시화가 진행되면서 '백색 페스트'라는 별명을 가진 결핵이 유행하는 등 이전과 다른 질병 양상이 나타나자 이 문제를 해결하기 위해 새로운 방법을 도입했다. 1861년에 그는 건강하게 보이는 사람이라도 주기적인 건강검진을 받을 필요가 있다고 주장했다. 건강한 사람에게 질병이 일어나기 전에 건강이 나빠지는 시기가 있는데, 이때 적절한 조치를 취하면 질병이 더 나빠지기 전에 해결할 수 있다는 논문을 발표했다. 1900년을 전후해 미국에서도 학령기 어린이에게 질병이 없는 상태에서 건강검진을 실시했고 결핵 검진은 1915년, 암 검진은 암에 대한 지식이 거의 없었던 1918년에 처음 시작했다.

우리나라에서는 의료보험제도가 널리 퍼진 뒤부터 정기적인 건강검진을 시행하고 있다. 인체에 생긴 문제를 빨리 발견해 해결함으로써 국민 건강을 관리하고 건강보험 재정을 튼튼히 하기 위해 무료로 건강검진을 한다. 물론 건강검진이 인체에 생길 수 있는 모든 질병을 찾아내는 방법은 아니다. 그러나 다른 어떤 방법보다 건강 유지에 도움이 되는 것은 분명하기에 세계적으로 건강검진이 점점 더 보편화되고 있다.

현재 우리나라에서는 건강검진을 할 때 피검사자의 희망에 따라 암 검진을 위한 몇 가지 검사를 선택할 수 있다. 나이와 유전형질, 직업을 포함한 주변 환경 등에 따라 어떤 암에 잘 걸릴 수 있는지가 달라지므로 스스로 건강에 관심을 가지고 걸릴 가능성이 높은 암에 대해서는 미리 검진할 필요가 있다.

일단 암이 생기면 얼마나 진행했느냐에 따라 1기부터 4기까지 구분한다. 1기와 2기에는 암이 처음 생긴 부위를 벗어나 다른 곳으로 전이된 상태가 아니라서 수술 뒤 항암제를 사용하거나 방사선 치료를 하는 경우가 많다. 그러나 암이 전이된 3기와 4기에는 수술로 암세포를 없앨 수 없기에 수술하지 못하고 항암제를 쓰거나 방사선 치료에 들어간다. 이때는 암세포 덩어리가 그대로 있기 때문에 치료가 어려운 편이다. 이것이 바로 암의 조기진단이 중요한 이유다.

암의 종류에 따라 달라지는 치료법과 효과

나날이 의학이 발전하고 있으므로 암 치료법과 예후가 변하는 것은 물론이고 진단법에 따라 유병률도 바뀌고 있다. 갑상샘암은 빈도가 높은 암이 아니었는데 건강검진이 발전하면서 우리나라에서는 2017년에 발생한 암의 순위에서 위암, 대장암에 이어 3위를 차지했다. 다행히 갑상샘암은 다른 암보다 자라는 속도가 느리다. 의사와 환자가 상담해 당장 수술하기도 하고, 당장 수술이 내키지 않으면 관찰을 계속하면서 암 조직의 크기가 자란 뒤에 수술 등의 치료를 한다.

한편 위암은 30년 전만 해도 치료하기 무척 어려웠지만 지금은 치료법이 발전해 전이되기 전에 발견하기만 하면 완치를 기대할 수도 있는 수준에 이르렀다. 그러나 췌장암은 그때나 지금이나 가장 치료하기 어려운 암이다.

백혈병은 급성이냐 만성이냐, 골수에 문제가 생긴 것이냐 림프구에 문제가 생긴 것이냐에 따라 급성 골수성 백혈병, 급성 임파성 백혈병, 만성 골수성 백혈병, 만성 임파성 백혈병으로 구분한다. 이 중에서 만성 골수성 백혈병은 좋은 약이 없어서 치료가 매우 어려웠으나 2001년에 노바티스사에서 개발한 약 글리벡이 시판되자 치료가 가능한 병으로 바뀌었다. 아무리 좋은 치료법도 모든 환자를 완치에 이르게 하지는 못하지만, 글리벡은 불치병을 치료 가능한 병으로 바꿨다는 점에서 의학의 발전을 실감하게 한다.

1970년대에 미국의 리처드 닉슨 대통령은 우주 개발에 쓴 비용만큼 암 연구에 투자해 암을 해결하겠다고 발표했다. 암 정복을 목표로 많은 투자를 시작한 초기에는 흥미롭고 기대되는 연구 결과가 발표되곤 했지만 5년 생존율이 약 50퍼센트라는 통계에는 큰 변화가 없었다. 왜 그랬을까? 과거에는 사망 원인을 몰랐는데 암으로 판명되는 사례가 늘면서 치료 효과가 없는 경우로 구분되기도 했고, 의학이 발전하고 건강검진이 일반화

되면서 암 진단을 받는 사람이 많아졌으며, 치료하기 어려운 암이 증가하는 식으로 질병 양상이 변했기 때문일 것이다. 그러나 지금은 암 진단을 받은 뒤 5년 생존율이 3분의 2에 이를 만큼 높아졌다. 이제는 암이 불치병이 아니며 종류에 따라 치료할 수 있는 암, 힘들지만 잘하면 치료되는 암, 치료가 어려운 암 등으로 분류한다.

위암, 폐암, 대장암, 갑상샘암 등은 암이 생긴 장기에 따라 붙인 이름이다. 암은 단 하나의 세포가 암세포로 바뀌어도 발생하므로 어느 세포가 암세포로 바뀌었는지에 따라 서로 다른 이름을 가질 수 있다. 예를 들면 폐암은 편평상피세포암, 선암샘암, 대세포암, 소세포암 등으로 구분한다. 소세포암은 진단했을 때 이미 전이된 경우가 많아서 수술이 어렵다. 따라서 편평상피세포암이거

나 선암, 대세포암이면 수술부터 하고, 소세포암이면 곧장 방사선 치료와 함께 항암제를 쓴다.

암 진단을 받으면 누구나 무서운 마음이 든다. 두려워하지 말고 암의 종류에 따라 의사와 상담을 통해 치료 계획을 잘 세우고 실천하는 것이 중요하다.

항암제의 발전

오늘날 암 치료에서 가장 중요한 방법 두 가지는 약물과 수술이고, 다음으로 방사선 요법과 호르몬 요법 등을 쓴다. 수술은 오래전부터 시도한 방법이지만 약으로 암세포를 죽이는 시도는 20세기에 들어 시작되었다. 정상 세포는 그대로 두고 암세포만 골라서 죽이면 가장 바람직하겠지만 쉬운 일이 아니다. 그래도 의학자들은 희망을 가지고 지금도 연구 중이다.

암을 치료하는 약은 일반적으로 정상 세포를 함께 죽이므로 암세포처럼 빨리 성장하는 세포, 즉 작은창자 표면에 있는 세포와 머리카락, 골수세포 등이 잘 파괴된다. 따라서 항암 치료를 하면 소화가 잘 안 되고 머리카락이 많이 빠진다. 또한 골수세포가 파괴되어 백혈구 합성이 줄면서 면역 억제 등이 부작용으로 나타난다.

암 치료를 위한 약은 미국의 루이스 굿맨과 앨프리드 길먼이 처음 발견했다. 세계대전에서 독가스인 겨자 작용제에 노출된 군인 1,000여 명이 백혈구가 파괴된 것을 보고, 백혈구 암의 하나인 림프종 치료에 쓸 수 있겠다는 생각을 떠올린 것이다. 1943년에 비호지킨림프종 환자에게 겨자 작용제와 유사한 질소 화합물을 주입하자 일시적이나마 암세포가 줄어드는 것을 발견했다. 굿맨과 길먼은 이 내용을 1946년에 논문으로 발표했다.

1948년에 미국의 시드니 파버는 메토트렉사트라는 약을 발견했다. 이 약은 궁극적으로 DNA의 네 염기 중 티민의 합성을 억제해 세포가 분열할 때 일어나야 하는 DNA 복제를 방해함으로써 암세포가 더 자라나지 못하게 한다. DNA 복제를 억제하면 모든 암세포는 자라지 못하리라고 예상할 수 있다. 실제로 지금은 급성 백혈병 등 여러 가지 암에서 치료 효과를 볼 수 있지만 모든 암세포에 유효한 것은 아니다. 이때부터 DNA 합성을 억제하는 여러 약물이 개발되어 항암제로 사용할 수 있게 되었다.

지금은 DNA 합성을 막는 약 외에 RNA 합성을 막는 약, 단클론항체를 이용해 암세포를 선택적으로 공격하게 하는 약, 암 발생에 관여하는 키나제 kinase라는 효소의 기능을 막는 약 등 계속해서 새로운 개념의 약이 개발되면서 항암 치료가 점점 발전하고 있다.

> **단클론항체**
>
> 항체는 항원에 대항해 합성되는 단백질이다. 항원 역할을 할 수 있는 물질에 따라 사람이나 동물이 생산하는 항체가 다르며, 단클론항체는 단 하나의 항원 결정기항원의 성질을 지니는 부분에 반응하므로 구조가 모두 같은 것이 특징이다.

암과 미생물에 의한 '감염'과 아기가 성인으로 '성장'하는 과정은 세포가 분열해 늘어난다는 점이 공통점이다. 1964년에 미국의 제롬 호르비츠는 메토트렉사트와 유사하게 티민 합성을 억제하는 아지도싸이미딘을 찾아냈다. 호르비츠는 이를 항암제로 사용하려 했으나 효과가 기대만큼 크지 않아서 쓸 수 없었다. 그로부터 10년 뒤 독일의 볼프람 오스테르타그는 이 약이 쥐에서 발생하는 일부 백혈병 치료에 효과적이라는 사실을 발견했지만 사람과는 별 상관이 없으므로 그 직후에 잊혔다.

1983년에 프랑스의 뤼크 몽타니에와 프랑수아즈 바레시누시는 에이즈AIDS, Acquired Immune Deficiency Syndrome, 후천성면역결핍증의 원인이 바이러스라는 것을 발견했다. 그리고 얼마 뒤 아지도싸이미딘이 이 바이러스 감염을 억제할 수 있다는 효과가 알려지자 미국에서 인체면역결핍바이러스HIV, Human Immunodeficiency Virus 치료용으로 시판되었다. 지금은 이외에도 여러 약이 에이즈 치료에 쓰인다.

세포가 분열되는 것을 막을 수 있다면 암 치료와 미생물 감염 치료, 어린이의 성장 억제가 동시에 이뤄지리라고 생각할 수 있으나 실제로는 한 가지 약이 이 모든 일을 하는 경우는 드물다. 수많은 암과 미생물 중 일부에만 효과를 낸다. 이렇게 예상과 다른 효과가 나타나는 것은 아직 사람들이 완전히 이해하지 못하는 생명현상의 신비다.

진로찾기 **의료기기 제작자와 시험자**

1816년, 프랑스의 르네 라에네크는 환자와 상담을 하다가 가슴에서 어떤 소리가 들리는지 듣고 싶은 충동을 느꼈다. 그는 종이를 돌돌 말아 환자의 가슴에 댔고, 심장이 뛰는 소리를 들었다. 이것이 청진기의 시초다. 그때부터 그는 어떻게 하면 환자의 몸에서 나는 소리를 잘 들을 수 있는지, 정상인 경우와 병이 있을 때 나는 소리가 어떻게 다른지 연구하기 시작했다.

히포크라테스도 몸에서 나는 소리를 듣는 것이 의학과 질병을 이해하는 데 도움이 될 것이라는 견해를 밝혔다. 그러나 의사가 환자의 몸에 귀를 대는 것이 쉬운 일은 아니었으므로 청진은 전혀 발전하지 못하고 있었다. 대신 오스트리아의 의학자인 레오폴트 아우엔브루거가 고안한 가슴과 배를 두드리는 타진

법이 진단에 이용되고 있었다.

당시만 해도 의학이 발달하지 않은 터라 병을 정확히 진단해도 의사가 치료할 수 있는 경우는 많지 않았다. 그럼에도 라에네크는 환자의 심장이 뛰는 소리와 호흡할 때 나는 소리를 듣고, 환자가 세상을 떠난 뒤에는 가족을 찾아가 질병을 확인하기 위해 부검을 허락받는 등 연구를 꾸준히 해나갔다. 그리고 연구 결과를 집대성해 책으로 발표했다. 그는 이 책에서 호흡에 이상이 생겼을 때 들을 수 있는 대표적인 소리 다섯 가지 중 네 가지를 기술하는 등 탁월한 업적을 남겼다.

첫 청진을 위해 종이를 말아서 쓴 라에네크는 나무를 재료로 원기둥 모양의 청진기를 제작했다. 그 뒤 청진기는 여러 사람의 노력으로 양쪽 귀에 꽂을 수 있고 증폭기를 달아서 소리도 더 잘 들리도록 개선되었으며, 구부러지는 재료로 만들자 훨씬 쓸모 있게 되었다. 이것이 인류가 최초로 이용한 진단용 의료기기라 할 수 있다. 그 전에도 수술용 기구와 부목 등을 썼으나 의료기기가 본격적으로 개발된 때는 청진기가 유용하다는 것이 알려지면서부터다.

오늘날에는 수많은 의료기기가 널리 이용되고 있다. 과거에는 의사나 간호사가 압력을 잴 수 있는 기구를 팔에 대고 청진기를 꽂은 채 동맥에서 느껴지는 심박동 소리를 들으며 혈압을 가늠했지만 지금은 자동 혈압측정기구로 누구나 손쉽게 혈압을 잴 수 있다. 또한 초음파 기계가 발전하면서 청진기 사용이 줄어들 것으로 예상되는 등 편리한 의료기기가 계속 개발되고 있다. 매년 3월에 열리는 국제의료기기·병원설비전시회 행사에서는 새로 개발된 의료기기가 계속 발표되고 있다.

　새로운 기계를 개발하는 일은 아이디어와 관심을 가진 이라면 누구나 도전할 수 있다. 대학에서 의공학을 전공하면 의료기기를 개발하는 일을 공부할 수 있고, 요즘에는 정보기술IT을 이용해 새로운 형태의 기계를 개발하는 일도 가능해지고 있다. 왓슨과 알파닥터처럼 인공지능을 이용한 의료기기도 개발되고 있는 등 의료기기산업은 미래의 유망 산업이라 할 수 있다.

진로 찾기 **메디컬 아티스트**

2세기에 로마 왕의 진찰을 담당한 갈레노스는 역사를 빛낸 훌륭한 의학자다. 왕과 함께 검투사들의 결투를 지켜보던 그는 상처를 입은 검투사를 치료하면서 인체 내부에 관심을 갖게 되었다. 그러나 당시는 인체를 해부하는 일이 흔하지 않았으므로 개나 토끼 등 동물을 해부해 지식을 쌓았다. 그가 남긴 해부학적 지식은 그로부터 1,000년이 넘도록 서양 의학에 막대한 영향을 끼쳤다.

14세기에 이탈라아에서 인체 해부가 허용되자 몬디노 루찌는 자신이 해부한 경험을 바탕으로 갈레노스보다 한 걸음 더 나아갔다고 할 수 있는 《해부학Anathomia corporis humani》을 펴냈지만 해부도를 그려 놓지 않아서 후대 학자들이 해부학 지식을 쌓아가는 데 큰 도움이 되지 않았다. 16세기 초에 레오나르도 다빈치와 야코포 베렌가리우스가 해부도를 남겼지만 이 또한 크게 도움이 되지 않았다.

이때 역사를 바꾼 훌륭한 과학책 두 권이 이탈리아에서 발행되었다. 태양이 지구를 도는 게 아니라 지구가 태양을 돌고 있다는 이론을 제안한 니콜라우스 코페르니쿠스가 쓴《천체의 운동에 관하여De revolutionibus orbium coelestium》와 안드레아스 베살리우스가 쓴《인체의 구조에 관하여De humani corporis fabrica》다. 과학에서는 이 책들이 태어난 1543년을 중세와 근대의 경계선으로 여기고 있다.

베살리우스의 해부학 책이 큰 영향을 미친 것은 '갈레노스의 의학은 무조건 옳다'는 고정관념을 바꿨기 때문이다. 베살리우스는 자신이 직접 시체를 해부해 갈레노스의 책에 나온 내용이 옳은지 직접 확인하고 잘못된 것을 여러 개 찾아냈다. 그러면서 무엇이든 직접 실험하고 관찰해 지식을 쌓는 것이 중요하다고 주장했다. 베살리우스의 친구이자 화가였던 얀 칼카르는 베살리우스가 쓴 책에 해부도를 그렸으며, 그 결과 베살리우스가 쓴 책은 내용뿐 아니라 아주 세밀하게 잘 그린 그림이 들어 있는 것으로도 유명세를 치렀다.

오늘날의 의과대학생은 해부학을 공부하기 위해 시체를 해부할 때 이미 잘 그려져 있는 책을 보며 대조하곤 한다. 이러한 책은 화가가 그리기도 하고, 그림을 잘 그리는 해부학자가 그리기도 한다. 의학적 소견을 예술로 승화시키는 일은 예술가가 의학을 공부하며 할 수도 있고, 의학적 지식이 출중한 의사가 예술가로서의 소양을 발휘해 할 수도 있다. 의사나 의과대학생이 공부하는 책은 물론이고 어린이용 책에도 의학적 그림이 들어 있는 경우가 많으므로 몇몇 국가에는 메디컬 아티스트를 전문으로 양성하는 프로그램과 회사가 세워져 있다.

인체의 표본을 전시하는 행사도 메디컬 아티스트의 활약으로 가능하다. 사람의 몸을 해부한 뒤 부패하지 않도록 고정액으로 표본을 보존해 전시하는 '인체의 신비전'은 사람의 몸을 아름답고도 생생하게 보여 줌으로써 보는 이에 따라서 찬사와 끔찍함을 동시에 토로하는 행사가 되었다.

레오나르도 다빈치는 인체를 아름답게 그리기 위해 사람의 몸을 해부해 연구했지만 오늘날에는 의학적 내용을 예술로 승화시키는 일을 메디컬 아티스트가 맡아 하고 있다.

4장

사死
죽음의 순간과 권리

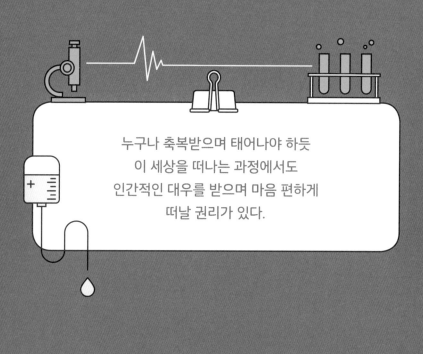

누구나 축복받으며 태어나야 하듯
이 세상을 떠나는 과정에서도
인간적인 대우를 받으며 마음 편하게
떠날 권리가 있다.

죽음이란 무엇일까?

생명이 유지되는 상태를 '삶'이라 한다면 '죽음'은 생명이 끊어진 상태가 된다. 그렇다면 생명이란 무엇일까? 또 생명이 유지되는지 끊겼는지를 어떻게 알까?

오스트리아의 이론물리학자 에르빈 슈뢰딩거는 1944년에 물리학적 관점에서 《생명이란 무엇인가?What is Life?》를 썼다. 이 책은 수많은 사람에게 생명에 대한 새로운 생각을 불러 일으켰다. 그중 한 명인 영국의 제임스 왓슨은 생명의 본질이라 생각되는 DNA 연구에 뛰어들었고, 프랜시스 크릭과 함께 DNA가 이중나선 구조라는 것을 알아내 1962년 노벨 생리의학상을 수상했다. 이들의 연구 결과는 20세기 노벨 생리의학상 중 가장 큰 업적이라고도 할 정도로 중요하게 여겨진다.

20세기 후반에는 생명과학 연구에 임하는 사람이 많아져 새로운 지식이 많이 쌓였다. 이 시기를 생명과학의 시대라 일컫는 이들이 있을 만큼 생명과학이 엄청나게 발전하면서 여러 학자가 '생명이란 무엇인가?'라는 주제로 책을 쓰기도 했다. 하지만 생명이 무엇인지를 정의하기란 여전히 쉽지 않다.

생명과 생물

생명을 지니고 살아가는 개체를 생물 또는 생물체라 한다. 이와 반대되는 용어는 무생물 또는 무생물체인데 바이러스는 생물과 무생물의 중간이라 한다. 생물과 무생물의 중간이라면 생명이 있는 것도 아니고 없는 것도 아니란 말일까?

바이러스는 생명을 유지할 수 있는 개체 중 현재까지 알려진 것으로는 가장 크기가 작아서 지름이 1나노미터1/10억 미터 정도다. 역시 미생물에 속하는 세균은 1마이크로미터1/100만 미터 크기고, 사람의 세포는 크기가 다양하지만 일반적으로 둥근 모양의 세포는 보통 10마이크로미터다.

바이러스가 생물과 무생물의 중간이라는 이야기를 듣는 것은 얼핏 보면 생물이라 생각되지만 혼자서는 생존하지 못하고 반드시 다른 세포 속에 들어가 도움을 받아야만 생존할 수 있어서다. 숙주세포 속에서 기생은 가능하지만 숙주세포 밖에서는 생물의 기본적인 특징을 보이지 못하는 것이다. 위에서 생물은 생명을 지니고 살아가는 개체라 했으니 생명을 지니고 있는지 아닌지로 생물인지 무생물인지를 밝힐 수 있다. 그럼 무생물과 비교되는 생물의 특징은 무엇일까?

바이러스의 예를 토대로, 생물은 스스로 자손을 남길 수 있도록 번식이 가능해야 한다고 주장하면 아기는 생물에 포함이 안 되니까 말이 안 된다. 일생에서 언젠가는 번식할 수 있어야 생물이라 한다고 해도 문제다. 암말과 수탕나귀로부터 태어난 노새, 암탕나귀와 수말로부터 태어난 버새는 번식 능력이 없으니 생물이 아니라는 이야기가 되기 때문이다. 마찬가지로 수사자와 암호랑이로부터 태어난 라이거, 암사자와 수호랑이로부터 태어난 타이곤도 번식 능력이 없기는 마찬가지지만 생물이 아니라고 할 수는 없다.

생물은 물질대사로 에너지를 얻는 것이 특징이지만 많은 기계는 화학 반응으로 에너지를 만들 수 있다. 생물은 세포로 이뤄지지만 기계도 작은 부속으로 이뤄진다. 생물은 외부 자극에 반응하지만 기계도 어떻게 다루느냐에 따라 반응을 잘한다. 따라서 이 같은 내용이 생물만의 특징이 될 수는 없다.

생물은 감정만 있는 게 아니라 이성이 있고 생각도 한다고 주장할 수 있을까? 그렇다면 아무 생각 없이 본능에 충실하게 사는 사람은 생물이 아니란 말인가? 게다가 요즘처럼 인공지능이 많은 일을 감당하는 상황에서는 '생각'이 뭔지 정의하기도 어렵다.

구글사의 딥마인드가 개발한 인공지능 바둑 프로그램 알파고가 보여 주듯 인공지능이 이미 입력된 수많은 자료를 이용해 새로운 지식을 만들어 내는 게 가능하기 때문이다.

이렇듯 생물과 무생물을 구별하는 것은 쉬운 일이 아니다.

삶과 죽음의 판정 기준

텔레비전 드라마에서 중환자가 죽음이 이른 순간에 흔히 나오는 장면이 있다. 심전도계가 갑자기 평평한 선으로 변하면서 "삐" 소리를 길게 내는 것이다. 심전도계를 붙인 환자는 주로 중환자 또는 심장에 문제가 있는 환자다. 이러한 환자가 중환자실에 입원한 경우 근처에 있는 의료진이 환자의 심장이 뛰지 않을 때 빨리 알아차릴 수 있도록 소리를 내는 것이다.

의사가 환자의 상태를 보고 세상을 떠났음을 확인할 때는 주로 심장이 뛰는지와 호흡하고 있는지를 본다. 그런데 이게 옳은 일일까?

인위적으로 호흡과 심장 박동을 가능하게 하는 인공호흡기와 인공심장박동기가 있다. 호흡을 통해 들어온 산소가 심장으로 가서 온몸으

심폐소생술

심장이 뛰지 않고 호흡하지 않으면 몸에서 필요로 하는 산소를 공급할 수 없어 몸속의 세포는 서서히 죽는다. 그러므로 무슨 이유에서든 사람이 숨을 쉬지 못하고 쓰러지는 응급 상황이 벌어질 때, 심장이 뛰게 하고 폐 근육이 호흡하게 하면 생명을 살릴 수 있다. 이를 심폐소생술이라 한다.

로 보내지기만 하면 산소는 언제든 몸에 공급될 수 있다. 이 기계들을 몸에 붙여 놓으면 사람은 산소를 계속 공급받을 수 있다. 폐의 호흡 능력과 심장박동으로 삶과 죽음을 판정할 경우 다른 기능은 아무것도 못하면서 산소를 공급받고 있는 걸 살아 있다고 판정한다면 식물인간과 뇌사 상태도 살아 있는 셈이 된다.

식물인간은 심장박동 정지 등의 이유로 호흡이 정지된 상태에서 뇌에 산소 공급이 중단되어 손상을 받은 환자가 혼수상태에 빠진 채 호흡을 재개해 여러 개월 생존하는 경우를 가리킨다. 그 기간이 1년을 넘길 때도 있는데, 오래될수록 의식이 회복되어 정상으로 돌아올 가능성은 낮다. 그러나 드물게 정상으로 회복하는 예가 있으므로 희망을 버릴 수 없다.

이와 달리 뇌의 기능이 완전히 정지된 뇌사는 뇌가 죽었음을 의미하며 정상으로 돌아올 수 없다. 따라서 식물인간과 뇌사를 구분해야 한다. 식물인간이 대뇌의 전반적인 손상으로 발생하는 것과 다르게 뇌사는 대뇌와 뇌간숨골, 뇌줄기에 발생한 비가역적인 손상이 원인이 된다. 사람에게서 호흡을 담당하는 중추는 뇌간에 있다. 식물인간은 인공호흡기를 필요로 하지 않는 경우가 많지만 뇌사는 직접 호흡할 수 없으므로 문제가 된다.

뇌 손상으로 산소 부족 상태가 유지되건 산소가 공급되지 않아서 뇌 손상이 발생하건 간에, 심한 손상을 받은 뒤 세상을 떠나거나 뇌사에 빠지지 않고 식물인간으로 혼수상태에 있다가 회복하는 사람이 있다. 일반적으로 호흡은 할 수 있으나 몸을 움직이지도 못하고 의사 표현도 할 수 없으며, 기도를 유지하지도 못한다. 이 상태에서 회복되는 경우가 있지만 예측하기 어렵다.

뇌사에 빠져 인공호흡기로 생명을 유지하는 경우는 의사 한 명이 아니라 뇌사판정위원회에서 뇌사 판정을 내린다. 이때 뇌사 판정을 받은 환자는 뇌는 기능을 못 하지만 다른 장기는 기능할 수 있다. 때문에 장기가 고장 나서 생명을 잃을 위기에 놓인 다른 환자의 생명을 구하는 장기 기증을 선택할 수 있다. 뇌가 기능을 못 하고 기계로 호흡을 유지하는 상태를 삶으로 판정하지 않는 대신 뇌사 판정을 하는 것은, 결과적으로 호흡을 하느냐 마느냐로 삶과 죽음을 구분하기가 어려움을 보여 준다. 삶과 죽음을 구별하는 것도 생물과 무생물을 구별하는 것만큼 쉽지 않다.

죽었다 살아날 수 있을까?

심폐소생술에서 중요한 점은, 늦어도 5분 안에 이뤄져야 한다는 것이다. 사람의 뇌는 5분간 산소가 공급되지 않으면 정상으로 돌아올 수 없는 손상을 입기 때문이다.

그런데 해외 뉴스를 보면 의사가 이미 세상을 떠났음을 선언했는데 장례식 중에 벌떡 일어난 사람의 소식이 전해지곤 한다. 기사를 잘 읽어 보면 의사가 사망 판정을 내리고 시간이 5분 넘게 지나서 이미 장례식 준비를 하는 상태에서 깨어난 걸로 추측

되는 경우도 있다. 이런 사람이 경험한 것을 임사체험이라 하는데 이게 과연 사후세계를 본 것인지, 단순한 착각인지, 뇌에서 일어나는 특이한 현상인지에 대해서는 아직 연구가 많이 필요하다. 문제는 '5분 이상 지나서' 깨어나는 경우다.

첩보 영화를 생각해 보자. 비밀 작전을 수행하다 위기에 몰린 주인공이 약처럼 생긴 것을 먹고 죽음을 위장해 탈출하는 장면이 드물게 등장하곤 한다. 호흡을 담당하는 근육이 서서히 마비되어 죽은 것처럼 보이게 만든 뒤 사망 판정을 받으면 화장터로 옮긴다. 이 과정에서 가짜 시체를 빼돌리는 방법으로 주인공은 탈출을 도모한다.

상식적으로 생각해도 죽음을 위장해 사망 판정을 받은 뒤 가짜 시체를 잘 포장해 적당한 장소로 운반하는 일이 5분 안에 이뤄지지는 않을 것이다. 게다가 호흡하지 못하는 상태가 5분이 넘으면 뇌세포가 저산소증에 빠져 손상을 입는다. 시간이 지날수록 뇌의 손상은 점점 더 커지고, 결국 사망에 이른다.

영화에서는 어떤 물질을 이용하는지 제대로 밝히지 않지만 실제로 죽음을 위장하기 위해 사용 가능한 것으로는 조개류에 든 마비성 조개독색시톡신, saxitoxin과 복어의 간과 난소에 든 복어독테트로도톡신, tetrodotoxin을 후보로 말할 수 있다. 이 두 가지 독은 사람의 몸에서 소듐이온Na+의 농도를 조절하는 소듐이온통로의 기능을 막는다. 호흡을 담당하는 근육과 심장에서 수축을 담당하는 근육은 소듐 농도가 적절히 유지되지 않으면 근육 마비가 일어나 기능을 못 하게 되며, 소듐 농도를 잘 유지하려면 소듐의 세포막 통과를 담당하는 단백질이 세포막에 존재하면서 세포 안과 밖에 존재하는 소듐을 한 방향으로 이동시켜야 한다.

이 독을 빨리 해독하면 정상으로 회복하리라고 생각할 수 있다. 실제로 해독을 위해 사용할 수 있는 물질이 여러 가지 개발되어 있지만, 이 독소의 기능을 완벽히 차단해 호흡과 심장 수축 기능을 회복시키지는 못한다. 즉 적당한 해독제는 없는 것과 마찬가지다. 이 독소 때문에 마비가 오기 시작할 때 얼른 인공호흡을 해서 산소 공급을 유지시키면 사망 위험을 줄일 수 있지만 5분 넘게 호흡이 중지된 사람이 운 좋게 호흡을 회복해 살아난다 해도 완벽하게 정상으로 돌아가기를 기대하기는 어렵다.

그렇다면 이미 사망 판정을 받고 5분 넘게 지나서 깨어난 사람이 정상적인 몸 상태를 유지하는 것은 어떻게 설명할 수 있을까? 이는 의학적으로 설명하기 어려운, 아직 모르는 생명현상으로 뇌 기능이 유지되었다고 할 수밖에 없다.

삶과 죽음을 결정하는 생명현상에 대해서는 아직 모르는 게 많이 있으며, 이것이 전 세계적으로 연구가 끊이지 않는 이유다.

냉동인간으로 생명을 연장할 수 있을까?

이산화탄소를 얼려서 만든 드라이아이스는 영하 78.5도까지 온도가 내려간다. 드라이아이스는 고체에서 액체를 거치지 않고 기체로 승화되기 때문에 드라이아이스를 무대 바닥에 두면 안개처럼 무대에 피어오르는 효과를 내기도 한다. 주의할 점은 온도가 너무 낮아서 잘못 건드리면 동상이 생길 위험이 있으니 반드시 장갑을 끼고 만져야 한다는 점이다.

  액체질소는 드라이아이스와 비슷한 온도까지 내려가지만 액체 상태를 유지한다. 드라이아이스는 고체이므로 몸에 닿으면 재빨리 피할 수 있지만 액체질소가 몸에 닿으면 얼른 없애기가 어려워 동상에 걸릴 가능성이 더 크다. 액체질소는 온도가 워낙 낮은 데다 액체 상태라 잘 흘러가 퍼지므로 수술 등으로 얻은 사람의 검체를 상하지 않게 오랫동안 보관하는 데 유용하다. 액체질소로 꽁꽁 얼린 생명체는 호흡을 멈춘 상태이므로 호흡 유무를 기준으로 한다면 일단 죽었다고 볼 수 있다. 그러나 뇌가 산소를 필요로 하지 않으므로 뇌에 손상이 가지 않는다는 점에서 죽은 것과는 다르다.

만약 지금은 치료할 수 없는 병에 걸린 사람을 냉동한 다음 훗날 치료법이 개발될 때 냉동 상태를 풀어 다시 생명을 불어넣는다면 생명을 구할 수 있을 것이다. 과연 가능할까?

액체질소를 이용한 냉동

포유동물의 대사를 담당하는 장기는 간이므로 당뇨와 같은 대사성 질병을 연구하려면 간을 연구해야 한다. 예를 들어 실험용 쥐의 간에서 단백질이나 DNA를 분리하고자 실험용 쥐를 희생시켜 간을 떼어 낸다고 해보자. 단백질이나 DNA는 세포에 들어 있으므로 이를 분리하려면 세포막을 제거해야 한다. 간과 같은 장기는 세포가 모여 이뤄지므로 각 세포의 막을 파괴해야 단백질이나 DNA가 쏟아져 나온다.

세포막을 파괴하기 위해 가장 흔히 사용하는 것이 액체질소다. 액체질소로 간을 꽁꽁 얼린 뒤 사발에 넣고 막자로 갈면 세포막이 파괴되어 세포 안의 물질이 쏟아진다. 그러나 요리용 믹서를 사용하면 세포막뿐 아니라 단백질과 DNA도 파괴되어 원하는 물질을 분리하기 어렵다. 요즘은 세포막을 파괴하는 데 화학 물질을 많이 쓰지만 과거에는 액체질소를 흔히 사용했다. 지금도 배양한 세포를 나중에 사용하려고 보관할 때는 액체질소를 쓴다. 이렇게 하면 세포가 죽지 않은 정지 상태로 세포 안 물질을 보존하기 때문이다.

액체질소를 이용해 생명체를 정지 상태로 만드는 과정은 우리나라 텔레비전 프로그램에서 보여 준 적이 있고, 어린이 박물관에 가도 볼 수 있다. 이 중에 금붕어로 하는 실험이 있다. 금붕어의 몸이 푹 잠기도록 액체질소를 부으면 금붕어는 순식간에 얼어서 모든 기능이 정지된다. 이 금붕어를 상온의 물에 넣으면 몇 초 지나지 않아서 냉동 상태에서 벗어나 다시 헤엄치기 시작한다. 그런데 금붕어가 꽁꽁 얼었다 풀릴 때 얼음 결정 때문에 손상이 생길 수 있다. 이를 막기 위해 금붕어 표면에 글리세린을 바르면 정상으로 돌아올 가능성이 아주 높아진다.

사람도 금붕어처럼 냉동 뒤에 살아날 수 있을까? 자칫 잘못하면 목숨을 잃을 수도 있으므로 사람을 대상으로 이런 실험을 할 수는 없다. 그렇다고 사람과 똑같은 모형을 만들 수도 없다. 그러나 예상은 해볼 수 있다. 사람은 액체질소로 얼리는 중에 목숨을 잃을 것이다. 금붕어와 달리 몸집이 커서 순식간에 얼릴 수 없기 때문이다.

사람의 몸에 가장 많은 성분은 물이다. 물은 4도일 때 부피가 가장 작고 온도가 더 올라가거나 내려가면 부피가 커진다. 때문에 유리컵에 담아 놓은 물이 얼면 부피가 늘어나 유리컵이 깨지기도 하는 것이다. 사람의 몸에는 물이 워낙 많은 데다 부피가 커서 액체질소 통에 사람을 집어넣더라도 꽁꽁 얼기까지 시간이 많이 걸린다. 이 말은, 몸의 일부는 냉동되었지만 다른 일부는 냉동되지 않은 상태가 오래 지속된다는 뜻이다. 인체의 수많은 장기가 동시에 기능을 멈추면 상관없지만 어느 장기는 기능하고 어느 장기는 기능하지 않으면, 자동차가 많이 몰릴 때 교통이 정체되듯이 사람 몸의 기능이 한쪽으로 쏠려서 막히는 현상이 일어나 몸에 큰 부담이 된다. 게다가 피는 물 성분이 많아 온도가 내려가면 부피가 늘어나 혈관이 터질 수 있다. 혈관이 터지면 냉동 상태에서는 표시 나지 않아도 냉동을 풀면 목숨이 위험해질 수밖에 없다.

이미 진행 중인 냉동인간

냉동은 세포막을 깨거나 세포 보관을 위해 시도한다. 생명과학 연구에 쓰는 재료에는 사람 세포도 있는데, 수술로 생긴 적출물도 장차 연구를 위해 보관해야 하므로 세포와 조직, 장기를 꽁꽁 얼린다. 이 상태에서는 모든 것이 정지되다시피 해서 다시 꺼낼 때까지 세포와 그 안에 든 것이 잘 보존된다. 1918년에 유럽에서 스페인 독감이 유행해 수천만 명의 목숨을 앗아 갔을 때, 당시에는 처음 보는 감염병이라 원인을 알 수 없었다. 그로부터 반세기 넘게 흘러 DNA를 분리해 병의 원인을 찾아낼 수 있게 되었지만 DNA가 잘 보존된 시료를 찾기가 어려웠다. 이때 한 연구자가 에스키모 마을에 묻힌 독감 환자의 시체에 DNA가 잘 보존되었을 거라 생각했고, 이로부터 얻은 DNA를 분석해 감염병이 독감이라는 것을 알아냈다. 독감 중에서 어떤 종류인지도 확인했다. 이것이 바로 DNA가 온도가 낮은 곳에서 오래 보존된다는 것을 보여 주는 예다.

더 중요한 것은 장기이식을 하는 경우다. 장기이식은 못 쓰게 된 장기 때문에 죽음에 직면한 환자의 생명을 구할 수 있는 방법이지만, 사용 가능한 장기가 적어서 문제다. 기증 장기가 있다 해도 유전적으로 이 장기가 잘 맞는 사람만 받을 수 있다. 장기를 줄 사람과 받을 사람이 어렵게 연결되었는데, 두 사람이 멀리 떨어져 있다면 주는 사람의 장기를 적출해 받는 사람이 있는 곳까지 가져가야 한다. 이때 떼어 낸 장기를 냉동 보존할 수 있다면 이용 가능한 시간이 크게 길어질 것이다.

지금 당장 사람을 냉동 보관할 이유는 없다. 그러나 불치병에 걸려서 죽을 날만 기다리고 있는 사람이라면 냉동 보관을 고려해 볼 수 있을 것이다. 치료법이 개발되면 해동시켜 남은 생애를 병이 치료된 상태로 살아갈 수 있을 테니까. 1972년에 미국에서 설립된 알코르생명연장재단Alcor Life Extension Foundation은 이를 목표로 하는 기관이다.

냉동인간은 냉동 상태로 보존된 사람을 가리킨다. 냉동인간이 처음 등장한 때는 1962년이다. 미국의 물리학자 로버트 에틴거가 《냉동 인간The Prospect of Immortality》이라는 책에서 사람을 손상 없이 냉동시킬 수 있다고 주장한 것이다. 이 주장에 동조한 심리학자 제임스 베드퍼드는 73세에 자신의 간암이 고칠 수 없는 상태에 이르자 치료법이 개발될 때까지 자신을 냉동 처리해 달라고 함으로써 최초의 냉동인간으로 기록되었다. 이때가 1967년이었으니 지금 그의 몸이 보관된 알코르생명연장재단이 설립되기도 전의 일이다.

세포에는 물이 많으므로 냉동 시 세포가 손상을 입지 않도록 냉동인간은 부동액얼지 않도록 하는 액체을 주입받아야 한다. 이를 위해 지금은 혈액을 없애는 방법을 쓰고 있다. 베드퍼드도 몸에 피를 모두 없애고 보존액을 넣은 다음 냉동한 것으로 알려져 있다. 현재의 과학과 의학 기술은 이미 냉동된 사람이 정상 기능을 할 수 있도록 회복하는 기술을 검증하지 못한 상태라서 간암 치료법이 개발되어도 베드퍼드를 해동시켜 치료할 수는 없다.

베드퍼드의 냉동 이후 50여 년이 지나는 동안 알코르생명연장재단은 150명이 넘는 사람을 냉동인간 상태로 보존했고, 그중에는 미국 프로야구 메이저리그에서 역대 최고의 타율을 기록한 테드 윌리엄스도 있다.

2018년 7월에는 4만 2,000년간 시베리아의 동토층에서 얼어 있던 선충선형동물에 속하는 작은 동물로 체절이 없고 원통 모양이며, 길이는 다양하나 보통 1밀리미터다을 되살렸다는 논문이 발표되었다.[9] 이로써 냉동 보존의 가능성을 높였다고 할 수 있다.

세포를 얼렸다가 녹이는 기술은 널리 이용되고 있지만 세포보다 덩어리가 큰 조직이나 장기를 영하 196도 가까운 온도로 냉동시켰다가 아무 손상 없이 해동시키는 기술은 아직 개발하지 못했다는 점이 사람을 냉동할 때 가장 어려운 점이다. 생체 덩어리가 동시에 온도가 내려가고 올라가지 않으면 물이 얼고 녹는 시간차 때문에 결정이 생겨 손상의 원인이 된다.

다행히 최근에 생명과학 연구의 성과는 나노10^{-9} 입자를 이용해 동물의 조직을 해동할 수 있음을 보여 주었다. 냉동 보존액에 나노 크기의 산화철을 넣은 뒤 외부에서 자기장을 거는 방법이 손상 방지에 도움이 되는 것으로 나타났다. 이 실험 결과는 돼지를 이용해 얻은 것이며, 토끼 뇌를 5년간 냉동 보관했다가 해동하는 연구도 성공했다.

냉동인간은 산 사람일까, 죽은 사람일까?

현행법은 냉동인간을 어떻게 바라볼까? 법과 윤리는 다르다. 오늘날 거의 모든 나라에서 법치주의를 선택하고 있으므로 법을 지키지 않으면 처벌을 받는다. 그러나 윤리를 위반하면 다른 사람들로부터 비난을 받을지언정 특별한 처벌을 받지는 않는다. 세상이 발전하고 복잡해질수록 사회 구성원이 지켜야 할 규범이 많아지고 이에 따라 윤리도 복잡해진다. 윤리적으로 강조해야 할 문제가 생기면 그 내용을 반영한 새로운 법이 생긴다. 2003년에 "생명윤리 및 안전에 관한 법률"이 제정되기 전에는 인간 복제에 대한 법안이 없었다. 이 법은 불가능하게 생각되던 인간 복제 기술이 서서히 실현 가능성이 있는 기술로 발전하면서 법적 기준을 마련할 필요가 생겼다는 것을 보여 준다.

최초의 냉동인간이 탄생하고 반세기도 더 지났지만 우리나라에는 아직 냉동인간에 관한 법적·행정적 근거가 없다. 즉 누군가 냉동인간에 관해 뭔가를 하고자 할 때, 어떻게 하면 법을 어기는 것인지 판단할 근거가 없으므로 다른 법에서 냉동인간과 관련된 내용을 적용할 수 있는지 찾아야 한다. 또 행정적으로 어떻게 해야 문제가 없는지에 대해서도 정해진 게 없기에 아무나 냉동인간 관련 사업을 해도 된다고 할 수 있다. 다른 법을 어기지만 않는다면 말이다.

일단 냉동되면 살아 있는 사람이라 할 수 없다. 앞서 호흡과 심장박동만으로 삶과 죽음을 판단하는 것은 문제가 있다고 했지만 그보다 좋은 방법도 없다. 냉동이 되면 호흡과 심장박동이 중지되니 분명 살아 있는 사람은 아니다. 게다가 뇌 기능도 유지되지 않으니 뇌사 상태와도 유사하다. 자이라면 임송 식후에는 뇌 기능이 한동안 유지되므로 언젠가 냉동 상태에서 깨어날 수 있다면 뇌 기능이 정상으로 돌아오리라는 희망이 있을 뿐이다.

사망 판정을 받은 직후에도 뇌와 신체 기능은 한동안 유지된다. 냉동인간은 이때 몸과 뇌를 얼려 두는 것이다. 그러나 일단 죽음을 맞이해 사망 판정을 받았는데 이를 냉동시킨다면 아무리 해동을 시킨다 해도 그건 죽은 사람이라는 생각을 가질 수 있다. 그러므로 이론적으로는 죽지 않은 상태에서 해동을 시키는 것이 더 가능성을 높여 줄 것이다.

살아 있는 사람을 냉동시키면 어떻게 될까? 이는 엄연히 현행법 위반이다. 임종 직전의 중환자라 해도 냉동을 하는 것은 현재의 생사 판단 기준으로 볼 때 죽음을 의미하므로 살아 있는 사람을 죽이는 것과 마찬가지다. 그러므로 숨 쉬고 있는 상태에서 냉동할 수는 없다. 어차피 곧 죽을 목숨이라 해도 치료하지 않고 기다릴 수는 있지만 죽이는 것은 안 된다는 존엄사의 개념도 20세기에 들어 고려된 개념이다. 언젠가는 윤리적 판단 기준이 바뀌고 법에 반영되어 죽기 직전에 냉동인간을 만드는 날이 올 수 있을지는 모르겠다. 하지만 지금은 반드시 사망 판정을 받아야만 냉동인간을 만들 수 있다.

안락사와 호스피스 완화 의료

누군가의 인생이 풍성하고 행복하며 보람과 추억으로 가득하다면 축복받은 삶이라는 이야기를 들을 것이다. 이와 반대로 '축복받은 죽음'이라는 말도 있다. 천수를 다한 뒤 정신적으로나 신체적으로 고통 없이 인생을 마칠 수 있다면 축복받은 죽음이라 할 수 있다.

죽어 가는 환자를 자주 만나는 의사는 '잠자는 중에 죽음을 맞이하고 싶다'고 말하는 경우가 있다. 더 이상 치료할 수 없는 상태에서 고통만 겪다가 세상을 떠나는 이를 많이 봤기에 죽음을 눈앞에 둔 마지막 순간이 환자와 가족에게 얼마나 힘든 시간인지 잘 알기 때문이다.

더 이상 치료가 어려울 만큼 병이 진행된 상태에서 통증이 심해 고통만 겪고 있다면 치료를 멈추거나 적극적으로 삶을 끝내고 싶다는 생각을 가질 수 있다. 삶보다 죽음을 선택하는 것을 안락사라 하며, 안락사에도 여러 종류가 있다.

호스피스 완화 의료는 삶의 마지막 순간이 아무리 힘들어도 포기하지 말고 편안하게 보낼 수 있도록 돕는 과정을 말한다. 편안한 죽음을 기대한다는 점에서는 같은 개념이지만 안락사는 삶을 접는 것이고, 호스피스는 세상을 떠나는 날까지 삶을 유지하면서 조금이라도 더 편하게 목숨을 유지하는 것을 가리킨다.

가망 없이 죽어 가는 환자에게 치료를 계속해야 할까?

잭 키보키언이라는 의사가 있다. 한국전쟁에 군의관으로 참전하기도 한 그는 1960년대에 사형수의 시신을 해부학 교육을 위해 이용하자는 내용의 책을 썼다. 사형수나 포로의 시체를 의학교육에 이용한 예는 역사적으로 많지만, 함부로 시신에 손대는 일은 비윤리적인 일로 받아들여지던 시기였다.지금은 교육용으로 기증한 사람의 시신만 해부용으로 이용한다.

평범한 의사였던 키보키언의 이름이 알려지기 시작한 것은 1990년대였다. 알츠하이머 치매치매를 일으키는 퇴행성 뇌질환 중 가장 흔한 종류 환자의 요청을 받아들여 마취 주사와 약물을 써 그의 죽음을 도운 게 발각된 것이다. 오리건에서는 안락사를 처벌하는 규정이 없었지만 주 정부는 그의 의사면허를 정지했다. 그 뒤로도 키보키언은 여러 방법으로 환자 130여 명이 편안한 죽음을 맞이하도록 도왔고 '죽음의 의사'라는 별명을 얻었다. 재판에도 여러 번 회부되었고 살인죄로 징역형을 선고받아 복역하기도 했다.

키보키언이 살인죄를 적용받은 것은 환자가 죽어 가는 것을 도와주었기 때문이다. 인체에 치명적인 약을 주거나 호흡하지 못하도록 일산화탄소를 흡입하게 해주고, 환자가 자신의 상태에 따라 생명을 끊을 수 있는 물질을 몸에 주입해 자살할 수 있는 기계를 개발했다. 키보키언이 문제가 된 것은 죽어 가는 사람의 요청에 응해 '적극적으로' 도왔기 때문이다. 이처럼 돕지 않으면 자살할 수 없는 사람을 도운 경우를 '적극적 안락사'라 한다.

치료 중인 사람이 더 이상의 치료를 거부하면 어떻게 될까? 예를 들어 병으로 콩팥을 못 쓰게 된 환자는 일반적으로 일주일에 두세 차례 4시간씩 혈액투석을 받아야 생명을 유지할 수 있다. 이런 사람이 어느 날부터 치료받지 않겠다고 하는 것을 설득하지 않고 그대로 두면 '소극적 안락사'에 해당한다.

혈액투석

투석기에 환자의 혈액을 통과시켜 걸러낸 뒤 혈관에 다시 넣어 주는 방법으로 말기 신부전 환자에 사용되는 투석요법

적극적 안락사와 소극적 안락사는 환자가 죽음을 바랄 때 의사가 어떤 정도까지 개입하느냐에 따라 나뉜다. 적극적 안락사는 살인으로 취급되는 경우가 많지만 네덜란드, 벨기에, 미국의 오

리건 등에서는 합법이다. 그러나 아무에게나 적용하는 것은 아니고 시도할 수 있는 환자에 대한 엄격한 선정 기준이 있다.

존엄사란 일반적으로 소극적 안락사를 가리킨다. 그냥 두면 오래가지 않아 세상을 떠날 것이 분명한 환자를 더 이상 치료하지 않음으로써 죽음을 앞당기는 것이다. 병실에서 꼼짝 못 하고 누워 인공호흡기로 생명을 유지하는 환자가 원하는 경우 인공호흡기를 떼어 주는 것이 존엄사에 해당한다.

존엄사를 법으로 인정하면 적극적 안락사를 허용하지 못하는 이유를 묻게 된다. 이것도 어려운 문제다. 말기암 환자는 통증이 심해 의사의 처방이 있어야만 사용 가능한 마약성 진통제를 투여받는 경우가 있다. 이런 환자는 회복이 불가능한데 어차피 결과가 죽음이라면 적극적으로 안락사를 시도하는 것이 환자와 그 가족의 고통을 줄이는 길이 될 수 있기 때문이다.

안락사를 시도할지 말지를 환자가 결정하게 하는 것도 문제다. 환자는 질병의 전문가가 아니므로 충분한 정보를 가지지 않은 경우가 대부분이다. 자신의 병을 제대로 알지 못하는 상태에서 환자에게 결정권을 주면 엉뚱한 이유로 죽음을 선택할 수도 있을 것이다. 자녀에게 학대당하고도 자녀에게 해가 가지 않도록 거짓 증언을 하는 부모도 있으니, 환자에게 직접 선택하라고 하면 각자 다른 이유로 안락사 선택을 결정할 것이므로 좋은 방법이라 할 수 없다.

안락사에 대해 가장 좋은 해결책을 찾기 위해 지금도 많은 학자가 노력하는 중이다. 의학이 발전하면 더 복잡하고도 판단하기 어려운 상황이 벌어질 수 있겠지만, 그에 맞춰 합리적인 판단 기준이 마련되어야 할 것이다.

연명 의료의 유보와 중지

반세기 전만 해도 우리나라에서는 세상을 떠나는 순간을 집에서 보내는 사람이 대부분이었지만, 지금은 병원에서 보내는 사람이 훨씬 많다. 한평생을 잘 보낸 사람이 죽음에 이르는 가장 큰 이유는 몸 어딘가가 더 이상 생명을 지탱할 만큼 제 기능을 못 하기 때문이다. 현대의학은 제 몫을 못 하게 된 장기의 기능을 유지하게 할 방법을 많이 발전시켰기에 이제는 장기의 기능이 떨어져도 생명을 유지할 수 있는 방법이 많아졌다.

장기의 기능을 유지하는 방법을 쓰면 중증 환자가 회복되는 시간을 확보함으로써 도움을 줄 수 있다. 하지만 회복될 가능성이 없는 환자는 비용과 시간만 쓰다가 사망에 이를 수도 있다. 이처럼 목숨만 부지하는 연명 의료는 혈액투석, 인공호흡기, 인공심장박동기, 심폐소생술과 같이 침습적이고 위험이 수반되는 특수 연명 의료와, 물이나 산소를 공급하는 것과 같이 비침습적이고 위험이 적은 기본적인 일반 연명 의료로 구분하기도 한다. 심폐소생술은 갑자기 호흡이 멎어서 사망을 눈앞에 둔 사람을 살려 낸다는 점에서 아주 바람직하고 환상적인 의료법이지만 때에 따라 갈비뼈가 부러질 정도로 손상이 심한 방법이므로 함부로 할 수는 없다.

일부 나라에서는 신분증 뒤에 어떤 상황에서도 심폐소생술을 하지 말 것을 요청하는 DNR^{Do not resuscitate} 또는 DNA^{Do not attempt resuscitation} 표시를 해놓기도 한다.

연명 의료를 멈출지, 계속할지는 누가 결정해야 할까? 환자의 상태는 의사가 제일 잘 알 테고, 환자가 평소에 품은 뜻과 상황은 가까운 가족이 잘 알 것이다. 환자의 뜻을 존중하되 환자에게 가장 유익한 방법이 무엇인지 충분히 논의할 필요가 있다.

DNR이나 DNA처럼 연명 의료를 처음부터 시작하지 않는 것은 연명 의료 유보에 해당하고, 이미 진행 중인 연명 의료를 그만두는 것은 연명 의료 중지에 해당한다. 고치기 힘든 병으로 입원한 환자의 심장박동이 느려질 때 심장수축제를 투여하지 않는 것은 연명 의료 유보고, 이미 사용 중인 약을 주입하지 않는 것은 연명 의료 중지다. '연명 의료 유보는 해도 되지만 연명 의료 중지는 안 된다'와 같이 이 두 가지를 구별해야 하는지에 대해서는

심장수축제

심장에서 피를 혈관으로 뿜어내기 위해 심장은 태아 때 처음 박동을 한 순간부터 죽는 순간까지 계속 뛰어야 한다. 심장이 뛰는 것은 심장근육이 수축하는 현상이며, 심장수축제는 심장근육이 수축해 펌프질을 할 수 있게 하는 약이다.

서로 다른 주장이 있으나 현재 윤리적으로는 차이를 두지 않고 있다.

연명 의료에 대한 판단을 환자에게 맡기는 것도 문제는 있다. 개인의 판단 기준이 형편에 따라 다를 수 있어서다. 2009년에 의료 관련 단체가 모여 "연명 의료 중지 지침"을 발표하면서 그 목적이 "회복 가능성이 없는 환자의 품위 있는 삶을 위해 연명 의료를 적용하거나 중지할 상황에 있는 의료인에게 행위의 범위와 기준을 제시하는 데 있다"라고 했다. 이 지침에서 "의도적으로 환자의 생명을 단축하거나 환자의 자살을 돕는 행위는 허용되지

▶ 연명 의료 중단 대상과 결정 주체 ◀

군	회복 가능성	사례	본인 의사 결정 능력	결정 주체
1	없음	뇌사 혹은 임종 환자	없음	환자 가족, 의료진
2	없음	말기 환자	있거나 없음	환자, 환자 가족, 의료진
3	없음	지속 식물 상태로 특수 연명 의료를 받는 환자	없음	병원윤리위원회
4	없음	일반 연명 의료로 유지되는 지속 식물 상태 환자로 가족의 요청이 있는 경우	없음	법원

않는다"라고 함으로써 적극적 안락사의 길은 막아 놓았다.

그러나 이 지침을 따르더라도 결정이 어려운 상황은 얼마든지 있을 수 있기에 왼쪽의 표[10]와 같은 결정 주체를 정해 놓았다.

우리나라에서는 최근 들어 연명 의료에 대한 관심이 커졌다. 연명 의료와 관련된 의사 결정에 대한 사회적 합의가 결정되더라도 사회 환경과 의료 환경의 변화를 반영해 계속해서 개선해야 할 것이다. 생명을 다루는 일은 그만큼 신중하고, 또 꾸준히 고민해야 한다.

호스피스 완화 의료의 의미

호스피스 완화 의료는 완치할 수 없는 질병으로 죽음이 예견되는 환자와 그 가족을 정신적·신체적·영적·심리사회적으로 돌봄으로써 남은 시간 동안 삶의 질을 높이고 세상을 떠나는 순간까지 잘 살도록 돕는 것이다. 이를 통해 생의 마지막에 이른 환자와 그 가족에게 주어지는 고통을 줄이고, 삶과 죽음의 질을 향상시키는 것을 목적으로 한다. 호스피스 완화 의료가 잘 이뤄지려면 의료진은 물론 사회복지사, 심리상담사, 성직자 등 다양한 전문가가 팀을 이뤄 제 기능을 충실히 수행해야 한다.

안락사는 어떤 이유에서든 더 이상의 생명 부지가 어려운 사람이 선택하는 극단적 행동이므로 어려움에 처한 환자와 가족을 도와주려는 것이 호스피스 완화 의료의 개념이다. 흔히 호스피스 운동은 1967년에 영국의 전직 간호사 시슬리 손더스가 시작했다고 하지만 우리나라에서는 이보다 빠른 1965년에 강릉에 있는 갈바리의원에서 최초의 호스피스 완화 의료를 시작했다.

1960년대에 서양에서는 더 이상 손쓰기 어려운 환자를 어떻게 해서라도 도우려는 움직임이 일어났다. 1963년 춘천교구 토머스 퀸란 주교의 초청으로 오스트레일리아에서 온 메리 허디건 수녀와 메리 애스텔 수녀는 강릉에 정착하면서 자신이 일하는 병원에 이를 도입했다. 이로써 우리나라 호스피스 완화 의료의 역사가 시작된 것이다. 이후로 갈바리의원은 영동 지역의 수많은 가난한 환우와 말기 환자에게 희망이 되어 따뜻하고 평화로운 장소, 사랑을 나누는 터전이 되었다.[11]

일반적으로 호스피스 완화 의료는 기대 여명이 수개월 이하로 남았을 때 시행 여부를 정한다. 더 이상의 치료 효과를 기대하기 어려운 말기암 환자와 생사를 좌우할 만큼 진행된 만성질환 환자가 그 대상이다. 마약성 진통제가 아니면 도저히 해결하기 어려운 통증 때문에 힘든, 즉 치료는 안 되더라도 증상을 완화시킬 필요가 있는 환자를 대상으로 하기도 한다.

앞서 "환자와 그 가족"이라는 용어를 쓴 것은 환자를 잃은 상실감에서 헤어나지 못하는 가족을 돌보는 일도 중요하기 때문이다. 사별 관리를 제공하는 사람은 유가족이 맞닥뜨린 슬픔과 상실감을 포함한 여러 문제를 해결하기 위해 필요하면 호스피스 완화 의료팀과 정보를 나누기도 한다.

지금은 호스피스 완화 의료 활동을 하는 사람이 모여 협회와 학회를 창립해 학문적 접근과 함께 다양한 활동을 하면서 어떻게 하면 죽음을 앞둔 사람이 조금이라도 더 가치 있고 윤택한 삶을 누릴지 고민하고, 도움을 주고 있다. 정부에서도 호스피스 완화 의료의 제도화를 추진해 시범사업을 진행하는 등 도움이 될 좋은 방법을 찾는 중이다.

누구나 축복받으며 태어나야 하듯 이 세상을 떠나는 과정에서도 인간적인 대우를 받으며 마음 편하게 떠날 권리가 있다. 이것이 모든 사람이 맞이할 죽음에 대한 두려움과 죽음을 앞두고 마주칠 수 있는 고통을 줄이는 길이 될 것이다.

진로찾기 **보건의료 공무원**

의사가 질병을 치료하고 건강을 관리하는 사람이라면 환자나 일반인을 한 명씩 차례로 만나 알맞은 치료법과 건강을 유지하는 방법을 알려 줘야 한다. 이러한 방식으로 의사가 도움을 주는 환자와 일반인은 전체 인구 중 극소수다. 그러므로 '목이 마른 사람에게 생수를 한 병 주기보다 마을에 우물을 파서 많은 사람을 돕고 싶다'고 생각한다면, 국민 대다수를 위한 보건의료 정책을 수립하는 공무원으로 일해 봄 직하다.

　예를 들어 새로운 감염병이 유행할 때 감염원에 노출된 모든 사람의 감염 여부가 확인될 때까지 모두를 격리시킬지, 그냥 스쳐 지나갔으며 증상이 없다면 평소처럼 밖으로 다니게 할지를 정해야 한다. 어떤 방역 대책을 세우느냐에 따라 국민이 체감하는 불편함과 안전함은 완전히 달라진다.

보건의료정책을 수립하는 공무원이 되기 위해 반드시 의과대학을 졸업하고 의사면허를 얻을 필요는 없다. 공무원으로 선발된 뒤 보건의료 일에 지원해도 된다. 어떤 경우든 올바른 정책을 수립하려면 의학 분야 중에서도 예방의학, 보건학 등에 대한 지식을 갖춰야 한다.

공무원은 담당하는 일이 전국적으로 활용 가능한 일인지, 그 지역에만 해당되는 일인지에 따라 중앙공무원과 지방공무원으로 구분한다. 보통은 시청, 동사무소, 세무서에서 실생활과 직접 관련이 있는 지방공무원을 직접 만나기 때문에 모든 공무원이 지방공무원과 비슷하리라 여기기 쉽다. 그러나 보건의료정책을 수립하는 중앙공무원은 독감이 유행할 때 어떤 정책을 도입해야 독감 해결에 가장 적합한지, 국제공항을 거쳐 입국하는 사람에게 어떤 검사를 어떻게 진행해야 우리나라의 이미지를 좋게 하면서도 안전하다는 생각을 가지게 할지 등을 고려해 정책을 도입하는 일을 한다. 이 같은 업무를 하면 개인 한 명 한 명과 친해질 기회는 적지만 자신이 도입한 제도로 우리나라 전체의 보건의료 수준이 높아지는 것을 보며 보람과 흥미를 찾을 수 있다.

진로 찾기 **국제기구 활동가**

2003년 2월, 중국을 방문한 미국 사업가가 싱가포르를 거쳐 베트남 하노이에 도착한 후 폐렴 증상을 보이면서 사망하는 일이 벌어졌다. 하노이의 병원에서 이 환자를 치료한 의료진에게도 병이 전파되면서 무서운 감염병 사스라는 것이 알려졌다.

세계보건기구에서 베트남으로 파견한 이탈리아 의사 카를로 우르바니는 진찰한 환자가 새로운 감염병에 걸렸음을 발견하고, 이 질병의 위험성을 알려 국제적으로 빠르게 사스에 대응하는 데 공헌했다. 그러나 안타깝게도 사스에 걸려 가족을 남겨둔 채 세상을 떠나고 말았다.

사스 환자는 처음에는 중국에서만 나왔다. 그러나 곧 홍콩, 몽골, 베트남, 싱가포르, 태국, 미국 샌프란시스코 등 감염자가 돌아다닌 곳마다 사스 환자가 줄을 이었다. 우리나라에서도 2003년 봄에 환자가 네 명 발생했고, 다행히 사망자는 한 명도 나오지 않았다. 국제적으로는 1년이 채 안 되는 기간에 17개국에서 약 8,300명의 환자가 발생해 10퍼센트 정도가 사망했다.

위의 예에서 볼 수 있듯 정보화 시대를 보내고 있는 세계는 새로운 질병이 유행하면 실시간으로 정보를 주고받으면서 해결책을 찾곤 한다.

세계보건기구는 국제적으로 보건의료정책을 마련하고 실행하는 대표 기관이며, 회원국으로부터 회비를 받고 후원금을 모아 보건 문제를 해결하기 위해 노력한다. 우리나라의 이종욱 박사가 2003년부터 약 3년간 사무총장을 지내면서 많은 업적을 남기기도 했다. 이곳에서 일하려면 직원이나 인턴을 선발할 때 지원해야 한다. 모국에서 능력을 인정받은 뒤 스카우트 제안을 받거나 다른 곳에서 경력을 쌓아 지원할 수도 있다. 반드시 의사만 일할 수 있는 곳은 아니지만 의사면허가 있으면 활동 영역이 넓어질 수 있다.

비공식적인 국제구호단체로 국경없는의사회Medecins Sans Frontieres도 있다. 이 단체에서 일하기를 원한다면 필요로 하는 직종을 선발할 때 지원하면 된다. 각자의 의지에 따라 자신의 생활을 희생해 가며 봉사하게 되며 대우는 숙식 제공과 약간의 용돈을 지원받는 정도다.

주

1) Kevin R. Foster, Tommaso Pizzari. Cooperation: The Secret Society of Sperm. (2010) Current Biology 20(7); 314-316

2) Wilmut I, Schnieke AE, McWhir J, Kind AJ, Campbell KHS. Viable offspring derived from fetal and adult mammalian cells. Nature 385, 810-813, 1997

3) Carlsen E, Giwercman A, Keiding N, Skakkebaek NE. Evidence for decreasing quality of semen during past 50 years. British Medical Journal 305(6854): 609-613. 1992

4) Skakkebaek NE, Andersson AM, Juul A, Jensen TK, Almstrup K, Toppari J, Jørgensen N. Sperm counts, data responsibility, and good scientific practice. Epidemiology 22(5):620-1, 2011
Jørgensen N, Vierula M, Jacobsen R, Pukkala E, Perheentupa A, Virtanen HE, Skakkebaek NE, Toppari J. Recent adverse trends in semen quality and testis cancer incidence among Finnish men. Int J Androl. 34(4 Pt 2):e37-48, 2011

5) 1992년 10월 28일자 <경향신문>. 1992년 10월 26일자 <Houston Post>

6) Richard Grondin et al. GDNF revisited: A novel mammalian cell-derived variant form of GDNF increases dopamine turnover and improves brain biodistribution. Neuropharmacology. Vol 15;147:28-36, 2019

7) Stewart Shuman. (1974) DNA ligase: structure, mechanism, and function. Science. 186(4166):790-7.

8) Smith H, Wilcox KW (1970). "A Restriction enzyme from Hemophilus influenzae *1I. Purification and general properties". Journal of Molecular Biology. 51 (2): 379–391

9) 2018년 7월 28일자 <매일경제>

10) 한국의료윤리학회,《의료윤리학》(제3판), 정담미디어, 2015

11) 갈바리의원 홈페이지
www.calvary65.co.kr/hospice01/hospice01_01.asp

참고 자료

도서

- 그레고리 펜스 지음, 이용혜 옮김, 《누가 인간 복제를 두려워하는가?》, 양문, 2001
- 예병일 지음, 《의학사 노트》, 한울엠플러스, 2017
- 예병일 지음, 《숨만 쉬어도 과학이네?》, 다른, 2019
- 예병일 지음, 《줄기세포로 나를 다시 만든다고? : 의학》, 비룡소, 2014
- 예병일 지음, 《현대 의학, 그 위대한 도전의 역사》, 사이언스북스, 2004
- 윌리엄 맥닐 지음, 김우영 옮김, 《전염병의 세계사》, 이산, 2005
- 윌리엄 맥닐 지음, 신미원 옮김, 《전쟁의 세계사》, 이산, 2005
- 지나 콜라타 지음, 안정희 옮김, 《독감》, 사이언스북스, 2003
- 쿤트 헤거 지음, 김정미 옮김, 《삽화로 보는 수술의 역사》, 이룸, 2005
- 하워드 가드너 지음, 문용린, 유경재 옮김, 《다중지능》, 웅진지식하우스, 2007
- 헨리 지거리스트 지음, 김진언 옮김, 《위대한 의사들》, 현인, 2011.

- John Talbott, 《A Biographical History of Medicine》, Grune & Stratton, 1970
  Larry R. Squire(Ed), 《The History of Neuroscience in Autobiography. Vol. 1》, Society for Neuroscience, 1996
- Julie M. Fenster, 《Ether Day: The Strange Tale of America's Greatest Medical Discovery and the Haunted Men Who Made It》, Harper Collins Publishers, 2002

논문

- Byung-Il Yeh, In Deok Kong. The Advent of Lifestyle Medicine. Journal of Lifestyle Medicine Vol 3(1): 1-8. 2013

웹사이트

- 노벨재단 www.nobelprize.org
- 세계보건기구 www.who.int
- 질병관리본부 www.cdc.go.kr
- 통계청 kostat.go.kr
- [네이버 지식백과] 서울대학교병원 의학정보 - 시험관 아기
  https://terms.naver.com/entry.nhn?docId=927761&cid=51007&category
  Id=51007

기타

- 건강보험심사평가원, 국민건강보험공단. 2017년 건강보험통계연보
- 예병일,《건강검진의 역사》, 삼성의료원 사보. 2012년 3.4월호

교과 연계

생명과학 1

II. 사람의 물질대사

  1. 사람의 물질대사

    01. 세포의 물질대사와 에너지

    02. 기관계의 통합적 작용

    03. 물질대사와 건강

III. 항상성과 몸의 조절

  1. 항상성과 몸의 기능 조절

    01. 지극의 전달

    02. 근육 수축의 원리

    03. 신경계

    04. 항상성 유지

  2. 방어 작용

    01. 질병과 병원체

    02. 우리 몸의 방어 작용

IV. 유전

  1. 세포와 세포 분열

    01. 유전자와 염색체

    02. 생식세포 형성과 유전적 다양성

  2. 사람의 유전

    01. 사람의 유전 현상

    02. 사람의 유전병

생명과학 2

II. 유전자와 생명 공학

  3. 유전자와 형질 발현

  4. 생명 공학

III. 생물의 진화

  5. 생명의 기원과 진화

  7. 진화의 원리

찾아보기

다른 포스트

뉴스레터 구독

내가 유전자를 고를 수 있다면

초판 1쇄 2019년 7월 3일
초판 7쇄 2023년 12월 4일

지은이 예병일

펴낸이 김한청
기획편집 원경은 차언조 양희우 유자영
마케팅 현승원
디자인 이성아 박다애
운영 설채린

펴낸곳 도서출판 다른
출판등록 2004년 9월 2일 제2013-000194호
주소 서울시 마포구 동교로27길 3-10 희경빌딩 4층
전화 02-3143-6478 팩스 02-3143-6479 이메일 khc15968@hanmail.net
블로그 blog.naver.com/darun_pub 인스타그램 @darunpublishers

ISBN 979-11-5633-251-0   44000
ISBN 979-11-5633-250-3   (세트)